KB007331

리스타트

리스타트

야놀자 창업자 이수진의 경영 일기

이수진 지음

개정판 서문

글로벌 원 톱 트래블 테크 컴퍼니를 향하여

사무실 한켠에 독자들로부터 받은 『리스타트』 책들이 있다. 책을 펼치면 여기저기 밑줄이 쳐져 있고 메모가 쓰여 있다. 2015년에 출간한 책이 2023년인 지금까지 꾸준히 판매되는 것도 신기한 일이다. 여전히 가끔 독자들로부터 메일을 통해 책에 대한 평을 받기도 하고 이렇게 밑줄을 치고 메모한 책을 선물로 받기도 한다. 어려운 시기, 새롭게 시작하는 시기, 그리고 부자가 되고 싶고 성공에 대한 열망이 강한 시기에 보내주는 것임을 잘 알고 있기에 감사한 마음이다.

『리스타트』 책은 2005년부터 2014년까지 10년이란 시간 동안 야놀자 창업자로서 사업하면서 느낀 경영 전반에서의 생각과 감정을 고스란히 드러낸 것이다. 처음의 마음으로 돌아가 0부터 다시 시작하자는 의미에서 2015년 3월에 리스타트 선포식을 하면서 업무 일지 일부를 정리하여 출간했다. 대외적으로 공개하여 내 결심이 그리고 우리 조직의 결심이 흔들림 없이 앞을 향하겠다는 약속이었던 것이다.

업무일지는 10년 동안 야놀자 구성원들의 공유게시판에 올려진 글들이다. MSG가 가미된 것이 아니라서 재미 요소는 보는 입장에 따라 확연한 차이가 있다. 그래서 좀 독특한 책이라는 말을 듣는다. 책을 출간하기 위해 쓴 내용들이 아니라 사업하면서 조직을 이해하기 위해, 혹은 기업을 구성원들에게 이해시키기 위해, 혹은 스스로에게 지속적인 주문을 걸기 위해 쓴 기록들이다. 많은 글들에 날짜와 시간이 명시되어 있다. 야놀자의 성공 후에 과거를 회상하면서 쓴 것이 아니라 그때그때 당시의 생생한 느낌을 쓴 것이라는 뜻이다.

부단히도 성장을 원하는 창업자가 한 단계 한 단계 성장하는 상황에서 미래를 갈망하며 쓴 글들이고 그 시기의 구성원들에게 공유되었던 글들이다. 다행인 것은 내가 구성원들에게 공유하고 주문 외우듯 지속적으로 바라던 것들이 생각보다 더 빠르게 현실이 되었다는 것이다. 상상이 현실이 되는 경험을 계속하고 있다. 나는 지금도 상상을 한다. "이수진 대표, 앞으로 뭘 할 거예요?"라고 묻는 분들이 많아졌다. 물론 이만큼 성공하였으니 된 것 아니냐고 말하는 분들도 있다. 하지만 "앞으로 뭘 더 하고 싶어요?"라고 질문하는 분들이 더 많이 생기고 있다.

내가 『리스타트』 개정판을 내는 이유는 세 가지이다. 첫 번째 이유는 다시 한번 중간 점검을 하고 싶었다. 우리의 비전이나 꿈 혹은 미래에 대해 궁금해한다는 것은 곧 우리가 만들고 있는 미래에 대한 관심과 믿음이리라. 상상을 현실로 만드는 사람들이 모인 조직이고 그래서 더욱 크고 확실하게 지속적으로 미래를 꿈꾸는 것이 중요한 조직이라는 것에 무한한 책임감과 자부심을 느낀다. 그 책임감이라는 것은 우리가 가야 할 길이 아직 많이 남아 있다는 것이다.

나는 무일푼에서 3,000억을 버는 것을 목표로 했던 사람이다. 그 목표를 이루기 위해 노력하던 중 3,000억이 너무 작게 느껴지던 시기도 있었다. 그리고 어느 순간 목표를 훌쩍 뛰어넘는 상황을 만들었다. 전 세계적으로 물가상승과 금리인상으로 어려워진 시기이기는 하나 나는 늘 변함이 없다. 전 세계 수많은 기업 속에서 존재감을 갖는다는 건 매우 어려운 일이다. 하지만 우리는 지속 도전하고 있다. 점점 도전을 강화하고 있기에 어느 순간에는 전 세계 여행 산업의 중심에 자리를 잡을 것이다. 그렇게 되면 우리는 자연스럽게 300조라는 목표도 스스럼없이 가질 수 있는 기업이 될 것이다. 미친 소리가 아닌가 싶을 수도 있다.

내가 20대 때 무일푼으로 3,000억을 벌겠다고 결심했을 때 친한 친구들조차 말대꾸할 가치도 없을 만큼 신빙성이 없는 이야기로 치부했다. 당시에는 정말이지 현실성 없는 일이었기에 그런 반응은 당연하다. 하지만 나는 지속적으로 미래를 향하고 있었다. 첫 투자를 받고 1조의 매출을 넘는 것을 우선의 목표로 하겠다고 할 때도 매출 200억대의 기업이 무슨 수로 1조의 매출을 달성하냐, 1조의 기업가치만 되어도 충분하다는 말이 있었다. 하지만 그건 투자사의 입장이고 우리는 지속성장하고 자생할 수 있는 기업이 되기 위해 쉬지 않고 달렸다. 그렇게 앞을 향하다 보니 1조의 매출도 더 이상 우리의 목표가 아니다. 나는 충분히 이해한다. 각자의 시선은 다를 수 있기 때문이다. 친구든, 투자사든 결국은 내가 아니기 때문이다. 나는 나를 본다. 우리는 우리를 만들고 있다.

왜 300조야? 묻는 분이 계실 것이다. 여행산업에서는 세계 1위 기업이다. 지금은 100조의 기업이 1위지만 산업은 지속성장할 것이기에 가까운 미래에는 300조는 돼야 여행산업의 리더 기업이 될 것이라 생각한다. 그 리더 기업은 어떤 식으로든 현실에서 존재할 것이다. 그 존재가 분명하다면 우리도 도전해 볼 수 있다고 생각한다. 지금 가고 있는 여정에 대한 의지를 분명히 하고 싶었다. 명확하게는 지속적으로 나와 우리를 개선시키자는 중간 점검이다.

두 번째 이유는 2015년에 출간된 『리스타트』를 조금 더 체계적으로 정리하고 싶었다. 싱가포르에 갈 일이 있어 비행기를 탈 때 생각 정리를 할 겸 독자가 메모도 하고 밑줄도 쳐서 보내준 『리스타트』를 들고 탔다. 다시 읽으면서 시간의 재배열을 통해 보다 쉽게 읽을 수 있게 하면 도전이 필요한 분들에게 더욱 도움이 되지 않을까 하는 생각을 했다. 그리고 그분들에게 출간한 지 8년이 지난 시점에도 나에게 도전하고 앞을 향하는 과정은 여전하며 그 결과치는 지속 개선되고 성장하고 있다는 것을 알려드리고 싶었다.

세 번째 이유는 어려운 시기를 겪는 창업가 후배들에게 도움이 되고 싶었다. 다들 지금의 상황을 어려워 한다. 힘든 상황에서도 열심히 노력하고 있지만 현실적인 고민에 대한 피드백을 많이 받지 못하고 있다. 나 역시 어려운 상황을 많이 경험했지만 창업 연차가 오래되고 조직화되어 경영되다 보니 정확하게 상황에 맞는 이야기를 해주는 것이 쉬운 것은 아니다. 그래서 나의 과거의 글들이 그들의 갈증 해소에 아주 작은 도움이라도 되지 않을까 하는 마음이 들었다. 그래서 창업연차 순으로 글을 정리해 보았다.

나에게 이 책은 거창할 수밖에 없다. 돈의 크기나 성공의 크기가 아니라 나의 정신과 나의 인생 철학이 통으로 담겨 있기 때문이다. 이 『리스타트』 개정판이 길을 찾고 있는 분들에게 작게나마 이정표가 되길 바란다.

2023년 3월
이수진

초판 서문

누구나 자신의 운명을 바꾸어나갈 수 있다

나는 만 10년 넘게 사업하면서 수많은 실패와 좌절을 경험했다. 경영을 따로 배운 것도 아니고 지표를 잘 활용하지도 못한다. 학식이 풍부해 현명하게 대처하지도 못한다. 가끔 강연에 가면 이런 이야기를 한다.

내가 나를 바라볼 때 내성적이고 눈치가 빠르다. 그리고 강인하다. 이건 내가 살아온 지난날들이 말해주는 것 같다. 똑똑하거나 잘났거나 능력 있거나 하지는 않다. 그건 누가 뭐라 할 것도 없이 내가 먼저 안다. 그런 사람이 10년을 사업했으니 얼마나 많은 고난과 시련이 있었겠는가.

여기에 있는 글들에는 내가 사업하면서 그 순간순간 느꼈던 갈등, 생각, 그리고 행동 지침이 담겨 있다. 아무것도 모르던 어린 나이에 사업을 시작해 사장질하면서 느꼈던 좌충우돌의 현실이 고스란히 담겨 있다. 가끔 회사 상황을 설명하다 보니 일반적으로 보면 정확히 파악되지 않을 수도 있다. 사업을 전혀 모르던 사람이 사업하면서 썼던 고뇌의 흔적, 스스로를 바로 세우는 작업, 신념을 놓치지 않기 위해 애쓴 그런 주문서라고 생각해주길 바란다.

이 글들을 공개하는 것은 쉬운 일은 아니었다. 그냥 에세이처럼 내 생각을 다듬는 일이었다면 참 쉬웠을 것이다. 그런데 이 글은 가족들도 읽을 것이고 친구들과 직장 동료들도 읽을 것이다. 그래서 거짓이나 상황을 보태면 안 되는 그런 글들이었다. 공개의 정도도 쉽지는 않았다. 그렇다고 특별한 것은 없다. 다만 이 기록은 한 인간이 0에서 시작해 적어도 40세가 되기 이전에 자기의 주체성을 가지기 위해 얼마나 몸부림치면서 살아왔는가에 대한 증거일 것이다.

그 증거가 많은 야놀자 가족들과 친구들, 그 가족들, 희망을 찾는 사람들에게 도움이 되길 바랄 뿐이다. 사장 일기는 고스란히 야놀자 가족들에게 공개된 글들이다. 회사에 대한 고민이나 바람이 있을 때마다 회사 게시판에 공개적으로 썼던 글들이다. 그 글들이 어느새 10년 치가 됐고 그것이 지금의 책으로 만들어진 것이다.

글들이 많아서 전부 다 넣을 수 없었다. 하지만 중요한 포인트의 일기들은 웬만하면 넣으려고 노력했다. 일기는 오탈자 수정 외에는 편집하지 않는 것을 원칙으로 했다. 나를 바로 세우는 글이자 우리 야놀자 가족들에게 길잡이가 되고 많은 젊은 청춘들과 열정을 가진 분들 그리고 희망이 필요한 곳에 단 하나의 도움이 되는 진정성 있는 글이 되고 싶었기 때문이다.

이 글들이 별것 아니지만 세상에 나온 이상 나는 더욱 정진해야 할 것 같다. 나의 인생에 기준점이 될 것 같다. 적어도 야놀자의 이수진이란 사람을 누가 봐주지는 않지만 내가 살아온 날들이 이렇고 내가 살아갈 날들이 이렇다고 세상에 외쳤으니 당연지사 이렇게 살아가겠다는 약속이지 않은가 싶다.

유년 시절, 청년 시절, 그리고 모텔 생활을 하고 사업을 시작하면서 느꼈던 부분들에 대해 잠시 이야기했다. 내가 살아온 삶이 그리 녹록지 않았고 환경 자체가 호락호락하지 않았다는 것이다. 그런 환경에서도 지금의 상황을 만들어냈다. 그건 나 자신이 잘나서가 아니라 누구나 자신의 상황을 바꾸어나갈 가능성이 있다는 증거이다.

나는 성공할 확률이 아주 낮은 사람이었다. 하지만 그 낮은 확률을 딛고 일어섰다. 이수진이란 사람이 자수성가했다는 전제로 글을 보지 말고 '저 사람도 저렇게 했는데 나라고 못 하냐, 내 환경이나 상황이 더욱 좋으니 나도 할 수 있다.'라는 긍정을 얻기를 바란다.

4장 리스타트! • 207

1장

다시 리스타트!*

2022년 창업 18년 차

다시 새로운 이정표를 고민하다

2022년 3월 20일 나는 그동안 고민하던 미국행 비행기에 올랐다. 사실 더 빨리 갈 수도 있었다. 경제적으로도 또 가야 할 이유로도 충분했지만 용기가 없었다.

2016년 뉴욕에 다녀온 뒤 여러 단상이 들었다. 그때 그냥 놀러 갈 수도 있었지만 한번 경험해 보고 싶었다. 어릴 적 입양 가서 미국인으로 사는 친동생을 잠시라도 만나보고 싶은 욕구도 있었고 미국 시장의 자본들이 흘러가는 모습을 한번은 직접 눈으로라도 확인할 필요도 있었다.

당시 몇몇 스타트업 후배 창업자들과 같이 저녁 식사를 하다가 "미국 안 가볼래?"라고 불쑥 이야기를 꺼냈다. IT 스타트업이 모여 있어 배울 것이 많아 보이는 샌프란시스코의 실리콘밸리를 가보고 싶기도 했다. 하지만 미국 본토를 평생 처음 가는 입장에서는 그보다 뉴욕이라는 멋진 도시를 보고 싶었다. 그래서 스타트업 대표들을 설득해서 아시아나 항공 뉴욕행 이코노미를 끊었다. 그리고 다른 이유가 하나 더 있었다. 바로 동생을 만나고 싶었다. 어린 시절 동생이 미국으로 입양되었다는 이야기를 듣고 언젠가는 볼 수 있으리라 생각했다.

나는 성인이 되어 방위산업체에서 병역특례로 근무할 당시 국제 입양단체인 홀트아동복지회에 동생을 찾는다는 접수를 하고 기다렸다. 때마침 입양된 아이들이 성인이 되어 모국 체험을 하기 위해 온다고 했다. 그 안에 동생이 포함될 수 있다고 연락받았는데 사실 두려웠다. 나는 영어를 할 줄 몰랐고 동생은 한국어를 할 줄 몰랐다. 거기다 나는 아주 가난했고 고모 댁에서 무전취식 신세를 지며 방위사업체에서 대체복무 중이었다. 더구나 기억에 없는 친동생을 본다는 것이, 한편으로는 핏줄의 당김도 있었지만 또 한편으로는 여태 떨어져 살았는데 내가 잘난 구석도 없는데 하는 부끄러움도 있었다.

그렇게 하루하루 동생을 만날 날이 가까워지자 괜히 찾는다고 신청했는가 하는 심정까지 들 정도로 갑갑했다. 동생은 자신이 입양된 제천영아원 방문 때 보기를 희망한다고 했다. 나는 서울에서 제천영아원으로 내려갔다. 다행히 회사가 조명 수출기업이다 보니 무역과가 있어서 친한 선배에게 통역을 부탁했다. 그조차도 창피한 일이었다. 가족들의 삶을 고스란히 직장 동료에게 보인다는 것이 20대 초반 어린 나이에는 발가벗는 것 같은 느낌이랄까?

그렇게 상봉하였다. 상봉 순간 그 직전의 모든 걱정과 불안감과 두려움은 어디로 사라졌는지 눈물만 한없이 흘렀다. 우리는 말할 겨를도 누군가의 눈치를 볼 겨를도 없이 서로를 부둥켜안고 한없이 눈물만 흘렀다. 그렇게 슬프게 오열한 것은 처음이었다. 고아 같은 나를 생전에 키워주신 할머니가 중학교 1학년 때 위암으로 돌아가셔서 장지로 가서 묻을 때 아무 생각도 말도 없이 하염없이 눈물만 흘렸던 적이 있었다. 그런데 그때도 이렇게 펑펑 눈물이 나는 오열은 아니었다.

그 후 서울로 와서 친척들에게 동생을 소개하고 사진 찍고 한국을 경험하는 2일간의 동행을 마지막으로 근 17~18년 만에 다시 보게 된 것이 6년 전 뉴욕에서다. 뉴욕에서는 스타트업 눔Noom의 오피스도 가보고, 흑인들이 사는 동네의 에어비앤비에 묵어도 보고, 한없이 걷기도 했다. 많이 걸을 때는 하루 30킬로미터 정도를 걸었다.

나와 같이 간 동생들(스타트업 후배 창업자들)은 때때로 힘든 기색을 보이기도 했다. 하지만 나는 오롯이 뉴욕을 느껴보고 싶었다. 뉴욕증권거래소 건물 앞에서는 들어갈 엄두도 못 내고 우두커니 한참을 서 있었다. 내가 뉴욕행을 원했던 것은 잘나가는 혁신적인 스타트 기업 방문도, 친동생과의 재회도, 뉴요커의 느낌을 보고 싶은 것도 있었지만 자본시장의 메카인 뉴욕증권거래소를 눈으로 꼭 한번 보고 싶었기 때문이기도 했다.

의정부 아파트에서 책상 2개를 놓고 사업을 시작한 뒤 2년 만에 서울 강남 한복판인 테헤란로에 위치한 작은 오피스텔로 이전했다. 나는 10명도 안 되는 사람들이 옹기종기 모여 무엇인가를 해보겠다고 하던 그 시기에 큰 빌딩 숲이 있는 테헤란로를 자주 걸었다. 선릉에서 역삼역을 지나 강남역까지 줄곧 걸어 다녔다. 선릉역, 역삼역, 강남역에는 주요 거래처들(주요 광고 제휴점인 숙박업소)이 있었는데 차로 이동하는 것보다는 거리를 걸어 다니며 높은 빌딩을 구경하는 것이 참 좋았다. 또한 상권 내 골목 골목을 관찰하고 어느 가게에 손님들이 몰리는지 등을 파악하여 상권분석을 하고 영업에 적용해서 성공 확률을 높이기도 했다.

그렇게 테헤란로를 걸어서 영업을 다닐 때 우리도 언젠가는 저 큰 건물의 한 층을 다 쓸 정도로 회사를 성장시킬 거라는 혼자만의 소심한 다짐을 하였다. 우리는 아직은 간이 배 밖으로 나오지 못한 아주 작은 병아리였기 때문이다. 테헤란로 대로변 빌딩의 한층 전체를 쓰고 싶다는 꿈이 테헤란로 대로변 빌딩 전체의 절반을 쓰는 현실로 된 건 그 혼자만의 소심한 다짐으로부터 10년이란 시간이 흘렀을 때다.

나는 그와 마찬가지로 2016년에 뉴욕에 갔을 때 뉴욕증권거래소 앞에서 우리의 심볼도 저 벽을 감싸는 날이 올 거라고 중얼거렸다. 그리고 황소가 있는 곳에 가서 사진을 찍으며 '가능하리라.

언젠가는 가능하게 하리라.' 다짐을 좀 더 강하게 했다. 그렇게 나는 뉴욕행에 여러 의미를 담고 갔다. 그리고 그로부터 6년 차가 된 2022년 3월 20일 다시 미국 땅을 향해 비행기를 타고 있다. 그때와 달라진 것이 너무도 많다. 그때는 스타트업 대표들과 같이 가장 싼 이코노미석을 타고 14시간을 가는 바람에 다들 허리가 불편하다고 하던 모습이 눈에 선하다. 에어비앤비로 쪽잠 자는 숙소를 얻어 지내야 했고 돈을 아껴가면서 식사를 해결하기도 했다.

입양 간 동생이 있는데도 게을러서 영어 한마디 못했는데 이제는 글로벌 기업으로서 180개국에 호텔 운영 솔루션을 60개가 넘는 언어로 제공하는 기업가가 되었다. 물론 지금도 영어를 배우고 있지만 잘하지는 못한다. 회사가 여러 투자사로부터 큰돈을 투자받았다지만 호화스러운 생활을 하는 것도 아니다. 지금도 더 큰 성장을 위해 노력 중인 상황이다.

과연 나는 어떻게 지금을 맞이하고 있을까? 더 잊기 전에 나는 나의 과거부터 지금까지의 상황을 보고 느끼려 한다. 그리고 나의 새로운 이정표에 대해 고민하는 상황을 만들고자 한다.

2022. 03. 22

2023년 창업 19년 차

지금은 겨울이지만 곧 봄이 온다

아직도 많이 모자란 미생이다. 많은 사람의 눈에는 큰 기업이 되었고 무엇인가 할 수 있는 일이 가득 찬 기업으로 보일 수도 있다. 하지만 우리는 너무도 작은 존재이다. 해야 할 일이 가득하고 또 그것에 대한 방법을 제대로 찾기 위해 분주하다.

지금까지 만으로 18년이라는 시간 동안 야놀자호에 있지만 사실 지금이 가장 갈증이 심한 시기인 듯하다. 솔직히 우리에게는 자금도 있고 인재도 있다. 기업도 매년 성장하고 있다. '그런데 뭐가 문제야?' 할지도 모른다. 그런데 나는 잘 알고 있다. 동시에 우리에게 존재하는 것이 알게 모르게 생긴 1등이란 감투다. 그 감투로 인하여 조직은 비대해지고 점점 느려지기 시작했다. 우리가 그토록 갈망하던 지금의 상황인데도 아무것도 없었던 시기의 비전이나 꿈을 공유하며 같이하였던 원팀의 느낌은 찾아보기 힘들다. 수많은 리더가 모여서 안 되는 것들에 대한 문제 돌출은 많이 하지만 막상 그것에 대한 솔루션을 찾거나 해결 상황을 만들지는 못하고 있다. 과연 이러한 문제는 어디서부터 비롯되었을까 참 여러 고민을 하였다.

코로나19로 3년간 다 같이 모이지 못하는 상황에서 혹은 비대면인 온라인으로 모든 일을 처리하고 미팅하는 상황에서 서로의 관점에 대한 터치가 부족해져서, 원격근무를 하다 보니 일을 하지 않아도 하는 것처럼 보일 수 있어서, 한번 회사에 소속되면 그 상황이 지속 가능해져서, 더는 성장이라는 갈증에 대해 현실성이 없어져서인지 고민했다. 그 고민의 끝에는 내가 있다. 나는 창업가이다. 많은 사람이 나를 의장 혹은 회장이라는 잘못된 호칭으로 부르기도 한다. 하지만 난 아직 야놀자의 등기상 대표이사로 남아 있고 전체 경영을 진두지휘하는 총괄대표이사직을 수행 중이다. 문제는 나의 리더십이다.

투자를 받고, 인재를 영입하고, 일할 환경을 제공하고, 목표를 설정하고, 그에 맞는 기업을 인수하고, 그에 맞춰 사업지표를 짜고 그에 도달되도록 만들기만 하면 끝인 줄 알았다. 하지만 조직은 그리 간단하지 않다. 왜 여태 모두가 같은 마음도, 같은 상황도, 같은 능력치도, 같은 관점도 아니라는 것을 몰랐을까? 아니, 알면서도 다 잘될 거야, 경험치가 많은 분으로 구성되어 있으니 잘 맞춰나갈 거야 하는 착각을 한 것이다.

조직에 아무리 사람이 많다고 한들 알아서 저절로 되는 것은 없다는 걸 깨닫는 데 시간이 좀 걸렸다. 나는 4년 전인 2019년에 유니콘이라는 1조의 기업가치로 투자받고 나서부터 외부 활동이나 외부 노출보다는 기업을 인수하고 전략에 맞는 목표 설정을 하고 경영진의 선택을 결정해주고 방향성을 체크하는 것에만 시간을 가졌다.

새로운 경영진들도 많이 합류했고 각자의 이해관계는 달랐지만 잘 만들어진다는 일념으로 길을 잘 가고 있다고 생각했다. 하지만 간과한 것이 있었다. 그 중간이나 하부 조직에 대한 상태는 예전처럼 하나하나 챙기지 못했고 오로지 경영진들과의 경영 미팅으로 모든 것이 순조롭게 돌아간다는 착각을 한 것이다. 그러다 보니 보고와 서류에 의해서만 내부의 감정선을 파악하고 있었다. 우리 조직의 철학이나 가고자 하는 동기부여나 비전에 대한 터치와 공유는 점점 사라져 없어지고 있었다.

물론 코로나19로 인한 원격근무도 그 시기와 잘 맞아떨어진 상황이 되어버렸다. 2022년 나는 그 점에 대해 뼈저리게 반성해야 했다. 일부 사업은 정체기를 겪고 있지만 회사의 전체적 지표는 성장하고 있다. 그리고 글로벌의 방향을 잡고 지속적으로 앞을 향하고 있다. 하지만 나는 알고 있고 우리 조직의 구성원도 알고 있다. 이대로는 우리가 가고자 하는 곳에 도달하기는커녕 점점 속도가 느려지는 기업이 될 뿐이라는 것을.

야놀자는 야놀자 플랫폼인 야놀자서비스, 인수한 인터파크, 그리고 인터파크와 합병한 트리플, 180여 개국에 60개 이상의 언어로 서비스를 제공하는 호텔 운영 솔루션인 야놀자클라우드와 그 외 수많은 기업이 한 울타리에 있다.

하지만 "우리는 잘하고 있을까?"라는 질문에 나는 "잘하고 있다."라고 대답을 하기 어렵다. 성장하면 되는 거 아닌가? 확장해나가면 되는 거 아니냐고 할 수 있을지 모른다. 하지만 우리는 완전한 미생이다. "절실하게 고객을 생각하고 있는가?"라는 질문에 나는 "그렇습니다."라고 답하기가 부끄럽다. 그래서 반성이 시작되었다.

우리 조직 전체가 앞을 향하는 것보다 더 중요한 우리 존재의 의미에 대해 고민하였고 나는 그 고민의 끝에 도달하였다. 물론 이것도 시간을 잘 넘기고 성장을 해도 언젠가는 다시금 끝이 어딘지 모를 긴 터널 속에서 존재하리라는 것을 안다. 그렇지만 나는 지금 할 일을 알았고 다시 시작해야 할 일에 몰입하는 환경을 만들기 위한 판을 깔아줘야 하는 임무를 부여받았다는 것을 깨닫게 되었다.

이제는 내가 아닌 우리가 달라져야 한다. 이제는 내 목소리가 아닌 우리의 목소리로 우리가 다 같이 해결책뿐만 아니라 미래를 설계하고 실천해야 한다. 오로지 사장에게만 맡기는 방식은 틀린 답을 낸다. 그리고 일방적인 목소리에 불과하다. 모두가 가야 할 방향을 보고 지속적으로 정답에 가까운 것을 만들기 위해 몰입해야 한다.

그래야 모두의 윤택함이 존재할 수 있다. 이제야 공급자, 사용자,

플랫폼, 그리고 구성원들이 하나로 연결된다는 것을 깨닫기 시작하였다. 나는 그중 하나의 점에 불과하다. 나의 의견도 그중 하나의 점과 같은 의견일 뿐이다. 그래서 나는 다시 시작이란 카드를 꺼내 들었다.

나의 어릴 때 좌우명은 '후회하기 전에 최선을'이다. 20대에는 '끝까지 포기만 하지 않으면 된다.'라고 다짐하고 또 다짐하며 여기까지 왔다. 이제는 어느덧 몰입에 관해 이야기하고 있다. 무엇에 몰입할 것인가? 나는 그리고 우리는 무엇에 몰입할 때 우리의 존재 가치가 가장 빛나는가? 어느 날 갑자기 입춘이 왔다고 해서 오늘부터 봄이라고 할 수 없다. 하지만 어느 순간 그 누구의 지시나 강요가 없이도 '봄이구나!' 느끼는 순간이 있다. 우리에게 몰입의 시작이 지금부터라고 할 수는 없다. 하지만 우리에게 강요가 아닌 참여를 할 수 있도록 길을 트고 지속 방향성을 체크하며 같이해 나가다 보면 이번 시작에도 모두가 '봄이구나!' 느끼는 날이 찾아오리라 믿는다.

2015년의 리스타트가 어느덧 봄도, 여름도, 가을도 지나 겨울이 되었다. 그리고 다시금 우리에게 시작을 알린다. 이번은 그리 오래 걸리지 않을 것이다. 나는 복리와 가속도의 법칙을 경험하였다.

이제는 방향키를 잘 잡으면 된다.

모든 야놀자인의 지속성장을 꿈꾼다

앞을 향하고 있고 성장하면서 조직이 커지지만 나는 늘 외롭다. 18년이란 시간 동안 수많은 구성원이 야놀자에 합류하기도 했고 떠나기도 했다. 우리 모두가 성장하는 모습이길 나는 간절히 바란다. 그중에서도 오늘은 초창기 맨주먹으로 시작한 친구들이 더욱 생각이 난다.

아무것도 없던 시절 남부지역 지사의 운영을 맡았던 성일이, 성국이. 혹시라도 돈이 안 되고 영업도 안 돼서 도망갈까 싶어서 500만 원의 보증금을 내야 한다고 하며 시작하였던 것이 어느덧 17년이 넘었다.

대학 3학년 재학 중에 회사에 합류하겠다고 찾아왔던 본길이. 좁은 사무실에서 자신의 미래가 가능할까 하며 망설이던 모습이 선하다. 부모님은 학교를 다니는 걸로 아셨는데 오피스텔 한켠의 책상에 앉아서 하라는 공부는 안 하고 전공과도 무관한 일을 하고 있었다니……

개발 인원이 한 명도 없을 때 어렵게 설득해서 개발자로 합류해 준 종규, 그리고 같이 창업해 여기에 같이 있는 상규.

오늘은 야놀자를 만든 과정에서 맨몸 맨주먹으로 오랫동안 같이 하였던 친구들이 유독 생각난다. 열정을 다해 인연이 되었던 모든 야놀자인들에게 고맙다.

오늘 같은 날에는 더욱 선명하게 그립고 고맙다. 그만큼 그대들의 청춘의 시간이 모여 만들어진 곳이 이곳이라 믿고 있다. 먼 미래에는 그 시간의 축적이 더 큰 의미로 사회에 빛이 되고 자생하며 성장할 수 있도록 꼭 만들고 싶다.

모든 야놀자인들이 자신의 자리에서 지속성장하는 모습을 기대하며 나 또한 진심을 다해 도전할 것이다.

2023. 3. 1. 야놀자 창립 18주년 늦은 밤에

2장

레디!

1978~1997년 유년시절

나는 진정으로 세상을 비관했다

'나는 1남 3녀 중 셋째로 태어나 유교문화와 남아선호 사상 아래에서 부모님과 누나들의 사랑을 독차지하며 어린 시절을 보냈을 것이다.'

나는 나의 어린 시절을 상상할 수밖에 없다. 네 살 때 아버지가 돌아가셨기 때문이다. 그땐 그저 사고로 돌아가신 줄 알았다. 그런데 어른이 되고 나서 고모로부터 아버지가 무슨 이유인지는 모르겠지만 농약을 드시고 자살했다는 이야기를 들었다. 어린 시절 내가 뭘 제대로 알았겠는가.

아버지에 대한 기억을 조금이라도 갖고 세상을 살았다면 참으로 고마웠을 것이다. 그러나 나에게는 아버지에 대한 기억이 전혀 없다. 여섯 살 때 어머니가 재혼하며 분가하셨다. 나는 할머니와 같이 살아야 했다. 그 당시에는 그것이 그리 대수롭지 않은 일이라 여겼다. 그 또한 어린 시절의 일이기에 나에게는 당연하다, 당연하지 않다는 것의 개념이 존재하기 전이었다.

할머니 밑에서 자라다 보니 자연스레 공부는 하지 않아도 됐다. 초등학교 2학년 때부터는 할머니와 작은아버지를 도와 고추 따는 일부터 시작해 벼농사까지 지었다. 지금 초등학교 2학년인 큰 딸아이를 보면 그게 무슨 될 법했던 일인가 싶다. 하지만 그 시절 내 친구들 역시 농사를 짓는 집에서는 당연히 해야 하는 일 중 하나였던 것으로 기억된다.

그렇게 할머니 밑에서 크다 보니 한글을 5학년 때나 돼서야 깨쳤다. 초등학교 시절 나는 숙제를 안 하기로 소문난 아이, 공부를 못하는 아이, 부모가 없는 아이, 불쌍한 아이로 치부됐다. 그러다 보니 나의 마음에도 어느덧 즐거움보다는 감정의 골이 생기고 눈치라는 것과 삶에 대한 원망이 싹터 생각을 지배하기 시작했던 것 같다.

세상에 대한 열등감은 가면 갈수록 심해졌다. 사람들이 나를 불쌍하다고 하는 것이 싫어 주변에서 부모 이야기만 나오면 질색을 하고 입을 닫고 살았던 날들이다. 지금 이렇게 글을 쓰는 와중에도 내 인생에 부모에 대한 기억이 하나도 없고 부모로부터 정을 받아보지도 못했는데 부모가 돼 자식들을 키우고 정을 주고 있는 자신이 한편으로는 안쓰럽기도 하다.

나는 5학년 때 지독하리만큼 잡아주었던 선생님 덕에 한글을 깨칠 수 있었다. 6학년 때 오토바이를 타며 신문 배달할 때 같은 지역에서 신문 배달하던 대학생 형이 공짜로 과외를 해주었다. 덕분에 뒤에서 두세 번째를 하던 내가 중학교 때 그나마 중간을 갈 수 있었던 것 같다. 그렇게 나는 내 삶이 너무도 싫었고 원망뿐이었다. 아버지를 원망했고 어머니를 원망했고 내 환경을 탓했다. 아마 어른이 돼서 더는 내 환경을 탓하지 않는 것은 그때 이미 그 원망을 다 쏟아내서가 아닌가 싶기도 하다.

도시락 반찬으로 김치만 싸가고 장아찌만 싸간다고 별명은 '짠지'였다. 그래도 친구들은 다행히 나를 싫어하지 않았고 늘 같이 어울리며 위안을 주었다. 어쩌면 할머니 다음으로 나의 마음을 알아주었던 녀석들인지도 모른다.

할머니는 나의 인생에서 가장 소중한 분이었다. 그런데 내 인생이 무슨 팔자인지 할머니는 중학교 1학년 겨울방학 때 위암으로 돌아가셨다. 하늘도 참으로 무심하시지. 나에게 신 같은 존재이고 부모님을 대신해 나를 보살펴주시던 분을 이리도 가혹하게 데려간다는 말인가.

나는 진정으로 세상을 비관했다. 그 어린 나이에 내가 설 곳, 내가 살아야 할 곳에 그래도 내가 좋아하는 사람 한 명 정도는 있어야 하지 않겠는가. 참으로 무심하다. 그렇게 한동안 멍하니 지내고 있었고 그 어린 나이에 세상이라는 것에 대한 미련이 없다고 생각해 못된 상상을 하기도 했다.

그런데 인간은 본디 적응의 동물이라고 했나. 1년이 지나고 2년이 지나고 하니 할머니 생각보다는 나 스스로 처량함에 하루하루가 치이는 삶이 됐다. 그러다 보니 누구를 원망할 것도 없이 바빠졌다. 그렇게 나는 작은아버지와 단둘이 생활하는 통에 밥도 빨래도 청소도 또 농사일도 하며 학교에 다녀야 했다. 그 덕에 지금도 음식은 뚝딱하며 맛깔스럽게 해낸다. 그나마 다행인 것은 신문 돌릴 때 대학생 형이 무료 과외를 해준 덕에 중학교 성적은 계속 올랐다. 형편상 실업계를 선택했지만 잘 적응했던 것 같다. 실습이며 수업이며 괜찮게 성적을 냈고 자격증도 남들보다 빨리 취득했다.

학교에서 가정 형편이 어렵다는 것을 알고 장학금을 주기도 했고 불우이웃돕기 쌀 모금 등을 하면 우선 배정이 되기도 했다. 그때는 그것이 얼마나 창피했던지 모른다. 지금도 고등학교 교무실 복도에 쌀 포대를 받던 사진이 걸려 있는데 어찌나 인상을 구기며 사진을 찍었던지. 지금 생각하면 빙그레 웃음이 나온다. 나는 그때까지만 해도 부끄럽기만 했다. 내가 무엇이 되고 싶다는 생각은 하지 못했다. 하루하루 자격증을 따거나 실습을 하거나 하며 지냈고 앞으로 무엇이 될 것인지 생각하지 못했다.

취업 나갔다가 고졸과 대졸의 격차를 보고 대학에 가자고 마음을 먹고 짧은 시간 동안 수능 공부를 했다. 그러나 수능 점수가 형편

없어서 내신으로 천안공업전문대학에 입학하게 됐다. 고등학교 3년 내내 배운 것이 예습 효과가 있어서 교양과목을 빼고는 수업이 참으로 쉬웠다. 그렇게 대학 생활은 겉으로는 순탄한 것처럼 보였으나 미래에 대한 불안과 경제적 어려움 등으로 점점 지쳐갔다.

돈이 없다는 건 먹고살기 위해 돈을 벌어야 한다는 것이다. 돈을 벌기 위해 학기 중에는 시간이 나는 대로 공사장 잡부로 일했고 방학 중에는 아예 공사장에 들어가 숙식을 하면서 막노동을 하며 지냈다. 그렇게 나의 대학 생활은 돈에 대해 절실함을 심어주었다. 그리고 돈을 벌어야겠다는 생각으로 방위산업체 병역특례제도를 활용해 구직활동을 하게 돼 졸업 전에 회사에 취업하게 됐다. 대학 전공인 제품설계와 금형과 품질관리 일을 맡아 병역특례 생활을 시작했다. 남들보다는 이르게 사회생활을 시작한 것이다.

나는 만 스무 살이 되기 전 서울로 상경했다.

1997~2001년 병역특례 시절

그러나 인생에는 전화위복이 있었다

나는 1997년 10월에 서울로 상경했다. 아직 전문대학 졸업을 하지 않은 상황에서의 취업이었다. 1997년 11월 IMF가 시작되기 전 취업했다. 그런데 병역특례를 받기 위해서는 대학 졸업을 해야만 했다. 학생 신분으로서 받는 것은 법적으로 불가능했기 때문이다. 1998년 3월부터 병역특례를 받기로 하고 졸업 전 먼저 취업해서 도면작업을 했다.

꿈에 부풀었다. 직장다운 직장을 구했다. 더구나 공돌이 출신이 병역특례로 도면 그리는 개발실에 발령받은 것은 꿈과도 같았다. 또한 시골 촌놈이 서울에서의 생활이라니 그럴 법했다. 서울에서 월급 60만 원을 받으면서 자취를 하기란 어려운 일이었다. 어릴 때부터 부모가 없다는 이유로 너무도 잘해주신 신림동 고모 댁에서 출퇴근하기로 했다.

난 고모 댁에서 근 4년을 출퇴근하면서 살았다. 그것도 다 큰 청년이. 돈을 모아야 한다는 일념에서 그런지 불편한 것도 없었다. 하지만 그래도 다수가 불편했던 것은 사실이다. 그런 불편함을 감수하고 고모 댁에서 살면서 회사생활을 했다. 그렇게 부푼 꿈을 꾸고 서울로 상경해 회사에 첫 출근을 했지만 나에게 떨어지는 일이라곤 복사와 외국 바이어에게 나갈 조명 샘플을 조립하고 나르는 정도였다.

나는 그래도 공고 시절 제도를 3년 하고 대학 시절 설계를 2년 하고 자격증을 따서 취직했다. 월급은 병역특례병치고는 적지 않았다 (보통 그 당시 병역특례병의 월급은 40만 원선이었다). 하지만 미국에 납품되는 조명의 안전 테스트를 통과해야 했기에 그에 맞는 설계의 기준점이 들어 있는 UL(미국에 납품되는 모든 제품의 규격집. 한국으로 치면 KS) 규격 책자를 종일 번역하고 또 번역하는 일 외에는 주어진 일이 없었다. 신입 때였기에 이 UL 규격집 번역이 얼마나 중요한 일인지 잘 알지 못했다. 그때 부족한 영어 실력으로 번역을 하느라 고생하다 보니 규격집을 딸딸 외워 뜻을 알 정도가 됐다. 제품을 설계하고 테스트할 수 있었다. 지금 생각해보면 실상은 일하기 위한 준비과정이었다. 그런데 그때의 나는 도면만 그리면 모든 것이 해결되고 유능하다는 것도 보여줄 수 있다고 착각하고 있었다.

당연히 공고 출신에 공과전문대학 출신이니 영어 실력이라고 해

봤자 기초 수준이었고 규격집을 종일 번역해도 한 장 정도 할까 싶었다(1997년 당시에는 모바일이나 인터넷으로 지금처럼 쉽게 번역이 되는 서비스가 없었다. 사전이나 인터넷으로 하나하나 단어를 검색해서 찾아야 했다). 대학에 다니다가 취직했다고 좋아서 날뛰고 서울 간다고 꿈에 부풀었던 내 모습과는 생판 다른 얼굴을 하고 있었다. 나의 가치는 점점 작아지고 눈치만 보게 되는 듯하고 너무도 나약해져 설 곳이 없을 듯싶었다. 무리였다고 생각했다. 생전 피워보지 않은 담배를 편의점에서 사다가 화장실에서 한 모금 빨아보기도 했다. 물론 지금은 담배는 태우지 않는다. 그 정도로 나에게는 첫 서울 생활이 스트레스였다.

할 수 있는 일이 없다는 것은 내가 설 곳이 없다는 것과 같다. 그러니 당연히 설 곳이 없는 곳에서 자유가 존재할 리 없고 주체성은 개가 물어가고 종일 죽을 맛이기도 했다. 하기 싫은 일을 하려니 졸기 일쑤였다. 그렇게 한 달이 지나고 회식 자리를 갖게 됐는데 술도 잘 못 하는 상황에서 과음하고 정신을 차려보니 집이었다.

아침 8시가 넘은 시간. 9시까지 출근인데 이미 회사는 지각이다. 신림동에서 강서구청 사거리에 있는 회사까지는 버스를 타고 한 시간을 가야 하고 지하철을 타도 50분은 가야 한다. 그렇다고 택시를 타고 갈 돈이 있는 것도 아니어서 허둥지둥 지각하고 눈치를 살피는데 뭔가 사달이 나도 난 모양이다. 개발실 옆에는 테스트실 겸 샘플 만드는 실이 있다. 그나마 나를 아껴주던 선배가 그리로 부른다. "생각나니?" 하고 묻더니 어제의 일을 소상히 이야기해준다. 앞이 깜깜했다. 미친놈. 정신 나간 놈. 도저히 믿기지 않는 일이 일어난 것이다.

그 당시만 하더라도 술을 잘 마시는 편이 아니었는데 필름이 끊길 정도로 마셨으니 집을 찾아간 것도 용한 일이다. 어떤 일이 벌어졌는지 모르는 것이 차라리 나을 법했는데……. 연세가 일흔 살이 넘으신 회장님이 부르셨다.

"이군." "이수진 군."

회사는 서울 사무실에 직원이 20~30명 정도 있었고 아산공장에 70명 정도 있었다. 미국과 캐나다로 OEM(주문자 상표 부착 생산) 방식으로 조명을 수출하는 기업이었다. IMF 때 다른 회사와 달리 호시절을 보내고 있었다. 1달러에 700원대 하던 것이 1,400원이 넘게 원화 가치가 폭락했지만 수출하는 기업은 700원을 받을 것을 1,400원 이상을 받아 남는 것이 10퍼센트에서 110퍼센트가 되니 얼마나 속으로 웃었겠는가.

그런 IMF가 터진 시기에 회장님이 나를 부른다. 잘리는 건가? 잘리는 거면 부장님이나 사장님도 계시는데 왜 직접? 머리가 캄캄해졌다. 회장실을 들어가니 "이군, 이것 좀 컴퓨터로 그려와." "1시간이면 그릴 수 있지?" "네~ 네. 알겠습니다."

나는 억세게 운이 좋은 사람인가 보다. 공고 시절 우리나라에 처음으로 컴퓨터로 도면을 그리는 CAD가 들어왔는데 테스트 버전으로 배웠고 자격증을 땄다. 그런데 시간이 가면 갈수록 전부 CAD로 바뀌게 됐다. 대학 가서도 CAD를 할 수 있는 사람이 없어서 금형 과의 발표회 등은 내가 CAD 작업을 해 프린트하는 등 그 쓰임새가 쏠쏠했다. 회사에서도 도면을 팩스로 주고받아서 항상 전화로 치수 나 모양새에 대한 설명을 무역과가 하느라 진땀을 흘렸다. 그러니 CAD로 도면을 작업해 메일로 보낸다는 것은 보통 혁신이 아니었 던 것이다.

전날 내가 컴퓨터로 도면을 그리는 자격증도 있고 고등학교 때와 대학 때 배운 게 도면 그리는 것이고 제품 그리고 금형 그리는 일인 데 왜 일을 안 시켜주느냐고 술 먹고 단단히 주사 섞인 원망을 했단 다. 집에 가라고 해도 안 가고 버티고 일을 안 시켜줘서 힘들다고 했 단다. 결국 그 모습을 보고 회장님이 귀엽다고 여겼는지 나에게 첫 일을 준 것이다.

그 일은 전화위복이 됐지만 첫 회식에 그것도 새까맣게 어린 청 년이 술주정을 했으니 한동안은 얼굴을 들고 다니질 못했다. 그때 내 나이는 스무 살이었다. 그 덕에 나는 회사에 CAD라는 프로그램 을 이용해 모든 도면을 수작업에서 컴퓨터로 바꾸는 과정을 진행했 다. 회사에서 제품설계와 품질, 바이어스팩 관리, 금형 등의 부분에 서 그 어린 나이에 신임을 받기 시작했다.

그 신임은 고스란히 월급으로 책정이 되어 병역특례가 끝나갈 무 렵 연봉이 2,000만 원이 넘었다. 병역특례 산업기능요원으로서는 불가능에 가까운 급여 수준이었다.

다행히도 나는 계속 노력하고 있었다

세상은 호락호락하지 않았다. 젊은 나이에 일에 만족해야 하지만 급여가 올라가고 서울 생활이 익숙해지면서 더욱더 부자가 되고 싶었다. 서울은 가난하게 살든지 부유하게 살든지 두 가지의 방향성이 있다고 느꼈다. 첫 시작으로 그 당시 한미은행에 정기적금이지만 원금이 보호되지 않는 신탁적금에 월급을 맡겼다. 그 신탁적금의 이율은 변동성이었지만 평균 연 13~15퍼센트 정도로 높았다.

지금으로서는 믿기지 않겠지만 IMF 당시에는 이율이 보통 센 것이 아니었다. 그것은 나를 더욱 강하게 부자가 돼야겠다고 생각하게 했고 그 뒤로부터는 틈이 나면 서점에 달려가 웬만한 자기계발 서적, 경제 주식 관련 서적, 부동산 관련 서적, 경매 관련 서적을 다 읽었다. 그 와중에 나에게 보물과도 같은 책을 발견했다. 『부자 아빠 가난한 아빠』와 『누가 내 치즈를 옮겼을까?』이다.

회사는 수출이 강세를 보이면서 불같이 일어났다. 회장님은 회사를 미국계 회사에 매도해 한몫을 챙기시면서 CEO로 계속 일하고 계셨다. 그렇지만 월급 조정이 되는 달에 회사는 침몰했다. 회사를 옹호하는 사람은 단 한 명도 없고 회사에 대한 뒷말은 날이 갈수록 심해졌다. 매년 반복됐고 어느새 편이 갈려 있었다. 그런 와중에 나는 만약 회사를 세운다면 적어도 뒷말의 대상이 되는 기업주는 안 될 거라는 상상을 하기도 했다.

세상이 그리 쉬운가. 기업주가 되니 현실은 그리 호락호락한 것이 아니란 걸 시간이 흐르면 흐를수록 많이 느낀다. 다만 아직 다행인 것은 노력하고 있다는 것이다. 그렇게 나는 부자가 되겠다는 일념 하나로 신뢰를 주고 예뻐해 주던 회사를 뛰쳐나오게 된다. 진정한 부자가 되고 싶었다. 그리고 다람쥐 쳇바퀴 돌듯이 세상을 살기 싫었다. 『부자 아빠 가난한 아빠』는 진정한 부자의 정의를 내려줬고 『누가 내 치즈를 옮겼을까?』는 현실에 안주하지 말 것을 가르쳤다.

나는 스무 살 어린 나이에 서울로 상경해 좌충우돌하면서 참 많이도 시련 속에서 박봉의 월급을 가지고 부자가 되겠다는 일념으로 고모 집에서 생활하며 적금을 붓고 틈만 나면 부자가 될 수 있게 만들어줄 것만 같은 책들을 손에 쥐고 다녔다.

대학 다닐 때 가졌던 사회에 대한 환상은 사라지고 현실을 느끼며 그 속에서 다시 부자가 되겠다는 상상을 시작한 때이다. IMF 시절 친구들처럼 회사가 부도나서 입대를 했다면 내 생활도 달라졌겠지만 다행히도 수출 기업에 입사해 나에게도 행운이 있었던 것이다. 나의 인생에 어찌 보면 성인으로서 내 의지로서 살아가는 첫걸음으로 인식했고 그래서 오로지 누구의 상황에 의존하지 않고 나 스스로 홀로서기를 해야 하는 시점이라 느꼈다. 홀로 서겠다는 마음이 강해질수록 더 빠르고 더 쉽게 돈 버는 방법을 생각했는지도 모르겠다. 그 시기 많은 생각의 방황과 쉽게 돈을 벌 수 있다는 망상에 사로잡혀서 주식투자를 했다. 그 때문에 회사생활을 하면서 마음이 피폐해지기도 했지만 나에게 잊을 수 없는 청춘의 시작이고 성인의 시작이었다.

2001~2005년 모텔 청소부 시절

평생 할 실패를 한꺼번에 다 해버렸다

회사는 3년 6개월 정도 다니고 마무리를 했다. 내 나이 스물세 살이었다. 아직 청춘이었지만 회사에 다니며 모았던 자금 4,000만 원 정도 중 2,000만 원을 주식투자로 날린 상황이라서 앞은 깜깜했다. 『부자 아빠 가난한 아빠』에서 부자의 기본은 종잣돈을 모은다는 것이었는데 종잣돈을 불리기는커녕 되레 까먹은 것이다.

회사를 퇴사하기로 마음먹은 것은 주식학원에 다니며 본격적인 전업투자자가 되겠다는 꿈을 가졌기 때문이다. 하지만 주식학원에 다니면서 주식을 하면 할수록 잔액은 점점 바닥이 났다. 회사에 다닐 때는 장기적 관점의 투자라고 말하면서도 내리면 못 기다리고 팔고 하는 식을 반복했는데 주식학원에 다니니 초단기 매매를 하게 돼 얻는 것보다는 까먹는 날이 많았다. 나의 미래는 더욱 불투명해지고 말았다.

다행히 도면 그리는 일이 조금 있어서 프리랜서 형식으로 도면 작업을 하기도 했다. 하지만 도면작업에 온전히 정신이 가지 않았고 고민의 고민을 거듭했다. 결국 회사 퇴사 6개월 만에 주식을 접기로 하고 진정한 부자가 되기 위해 무엇을 해야 할까 고민하던 중 숙식이 해결되고 월 250만 원 이상의 소득을 올릴 수 있다는 인터넷 정보를 믿고 모텔 일에 발을 담그게 된 것이다.

겨울에는 따듯하고 여름에는 시원하고 숙식이 해결되면서 월급 또한 상당하다는 전화상담을 끝내고 한참을 고민하던 차에 일하기로 했다. 회사 다닐 때도 악착같이 월급을 모아 3년 6개월 만에 4,000만 원의 돈을 모았는데 까짓것 이것 하나 못하겠느냐는 마음이 들었다. 나의 인생은 첫 실패로 기록된 주식투자와 도면쟁이를 거쳐 아주 잠깐이지만 주식 단타쟁이를 거치고 이제는 모텔쟁이로서의 새 삶을 이끄는 과정이었다. 하지만 생각처럼 간단한 문제는 아니었다. 무조건 가방에 속옷과 운동복과 슬리퍼만 가지고 오라는데 이것이 진짜인지 가짜인지 통 알 수가 없었다. 가기로 마음은 먹었으나 겁이 덜컥 났다. 주변 친구들에게 혹시라도 연락되지 않으면 경찰에 신고해달라는 당부를 하고 신도림에서 첫 모텔 청소 생활을 시작했다.

나는 꽃피는 봄에 회사를 퇴사하고 한여름을 주식으로 불태우다가 가을날 그렇게 모텔의 청소부로 혹독한 2001년을 보내고 있었다. 모텔 청소일은 그리 녹록지는 않았다. 오전 10시에 시작한 침대보 갈기 작업과 간단한 청소 등은 자정이 돼야 끝났다. 난생처음 모텔을 가보는 처지였는데 왜 이리도 손님들이 많은지 이것저것 분리수거하고 정리하면 밤 1시가 훌쩍 넘어갔다.

피곤은 온몸을 죄어왔지만 쉽사리 잠이 오지 않았다. 내가 이렇게 사는 것이 맞는 것인가라는 서글픔이 밀려오기도 했다. 내 인생이 왠지 모르게 참으로 처량해 보였고 잠자리에 드는 순간마다 그렇게 느끼는 것이 못내 힘들었다. 모텔 청소부를 하면서 모텔 일을 배우고 드디어 당번이라는 모텔 매니저 역할을 했다. 지배인과 청소원들 사이의 직책인데 하는 일은 주차, 프론트 캐셔 보조, 객실관리, 룸서비스, 모텔에서 일어나는 웬만한 업무는 전반적으로 다 본다고 생각하면 된다.

일반 회사에서 대리급 정도로 실무를 가장 많이 하는 사람 정도라고 할 수 있다. 그렇게 해서 월수입이 200만 원이 넘는다. 24시간을 일하고 24시간을 쉬는 시스템이다. 숙박업은 365일 영업을 하기 때문에 항상 오픈돼 있어야 하고 항상 손님 받을 준비를 해야 한다. 그렇기에 근무자는 늘 존재해야 하며 누군가 약속을 어기면 누군가가 그것을 메워야 한다.

일이 힘든 것보다는 24시간을 버티며 해야 한다는 것이 아마도 가장 피곤한 부분이었던 것 같다. 오전 10시에 교대하고 샤워하고 한숨 푹 잔다. 그러면 저녁이 돼서 잠이 깨고 저녁을 먹은 후 대개 숙소가 있는 옥상에서 맥주 한 병을 들이켜며 건물들 사이의 불빛을 본다. 저 수많은 불빛 중에 나의 것이 없다는 것은 참으로 야속한 일이 아닐 수 없다.

나는 그때까지만 해도 악착같이 돈을 모으고 있었지만 실상 『부자 아빠 가난한 아빠』의 가르침을 잠시 잊고 지냈다. 멍한 채 오로지 돈 모으기에 시간을 써버린 것 같다. 물론 지속해서 경제 관련 책을 보고 어떻게 하면 부자가 될까 생각은 했지만 진정한 부자라는 타이틀은 내 속에서 없어진 듯했다.

나는 내 불빛을 가지고 싶었다. 언젠가는 모텔도 소유하고 싶었다. 아늑하게 내가 살 곳이 있었으면 했다. 나는 어린 시절부터 집이 없었다. 내 집이 아니라 어찌 보면 얹혀산 인생이었고 그렇게 기생하는 삶을 살았다고 해도 과언이 아닐 정도로 내 주체적 공간은 존재하지 않았다. 언제쯤 이 긴 터널을 빠져나가 내가 주체적 관점에서 삶을 살아갈 수 있을까 하는 생각을 하면 앞날이 깜깜하기만 했다. 할 수 있다는 긍정보다는 실상 내가 과연 할 수 있을까 하며 의기소침한 모습이 많았다. 하지만 당당해지려 했다. 남들 앞에서는 더욱더 당당해지려 했다. 인사도 크게 하고 일도 웬만하면 힘든 척하지 않으며 씩씩하게 하려 했다.

"어서 오십시오. 주차해 드리겠습니다. 안전하게 주차해 드리겠습니다." "무엇이 필요하십니까?" "알겠습니다. 바로 해드리겠습니다."

"죄송합니다. 바로 처리해 드리겠습니다." "안녕히 가십시오."

하지만 서비스를 하면서 고객들의 눈을 마주치지 않으려 했다. 그것이 모텔 생활을 하면서 갖게 된 기본 철칙이었다. 이것이 나의 주된 표현이었다. 고객은 왕이었고 그렇게 왕이라 생각하면 할수록 팁을 많이 받기도 했다. 하지만 내가 언제까지 이렇게 살아야 하느냐는 의구심은 나를 가만두지 않았다.

1년 반이 지나 종잣돈이 어느 정도 모였을 때 나는 나도 모르게 사업을 구상하고 있었다. 내가 유일하게 진정한 미소를 짓고 상상을 하며 행복해하던 일이었던 것 같다. 그렇게 섣부르게 샐러드 사업을 한답시고 이름도 없는 대전의 샐러드 공장을 견학하고 결심을 했다. 하지만 그 샐러드 사업은 나의 망상에 불과했다. 준비 없는 창업은 쉽게 망할 수밖에 없다는 교훈을 얻고 대신 그동안 모은 종잣돈을 또 한 번 날리는 경험을 했다. 지금 생각하면 큰돈은 아니지만 그 당시 나에게는 근 2년을 모은 소중한 돈이었다. 나의 6개월 정도의 짧았던 허황됨은 제자리로 돌아오게 했다.

나는 배운 게 도둑질이라고 도면 그리는 일을 하거나 모텔에서 매니저 일을 해야 했다. 나는 월수입이 많은 모텔 일을 다시 택해 하기 시작했다. 그 뒤 모텔 종사자들끼리 정보를 공유하고자 다음 카페에 커뮤니티 공간을 개설했다. 모텔 종사자들은 그곳에 하나둘 모이기 시작해 어느덧 1만 명 가까이 되었다.

모텔 매니저 일을 하면서 다시 사업계획을 짜기 시작했다. 결국 나는 작은 샐러드 사업을 했다가 망한 것을 기점으로 옛 책을 다시 들춰보게 됐다. 그 속에서 나에게 감명을 주었던 사업을 하기 위해서는 우선 종잣돈을 모으라고 했던 『부자 아빠 가난한 아빠』와 『누가 내 치즈를 옮겼을까?』에서 빠져 있는 것이 하나 있다는 것을 깨달았다. 바로 가장 잘할 수 있는 것, 가장 잘 아는 것에서 일을 시작해야 한다는 것이다.

잘 알지도 못하는 샐러드 사업을 그저 여성들이 좋아하리라는 막연한 기대로 시작했다. 인터넷 검색으로만 사업성을 판단했을 정도로 무지했던 사람. 그러면서도 여러 가지 경제 책자를 읽고 자기계발서를 읽었고 사업계획서 작성법을 읽었다고 자기 스스로 똑똑한 사람인 척 자부했던 아직 어린 딸 그런 사람이었다.

그렇다고 모텔에서 지속적으로 매니저 일을 할 수는 없지 않은가? 나는 무엇을 할까 다시 생각하게 됐다. 종사자 카페를 보고 여기저기 홍보 문의가 많이 들어왔다. 그래서 나는 내가 오랫동안 해오던 것은 아니었지만 경험도 있고 종사자 카페는 누구보다도 잘 운영하고 하니 종사자 카페를 모티프 삼아 모텔 납품 업체를 홍보해주는 사이트를 만들고 비교 견적과 모든 정보를 담자는 사업계획서를 수립했다.

나의 두 번째 실패인 샐러드 사업을 접고 세 번째 도전을 시작했다. 근 1년의 준비기간을 가졌고 투자해주는 사람도 모집했고 같이 사업을 시작한 사람도 생겼다(현 야놀자 부사장 겸 중소형 호텔 프랜차이즈 야놀자 F&G 대표 임상규). 그렇게 2004년 여름부터 준비한 사업을 2005년 3월에 개인 간이과세자로 '호텔모텔펜션'이란 상호로 사업을 시작하게 됐다.

모텔 생활을 하면서 모텔 청소부터 모텔 매니저와 총 매니저까지 4년 6개월이란 시간 동안 일했다. 나는 자부했다. 또한 투자자들도 이 바닥에서 10년을 넘게 일해온 분들이었다. 이 정도면 사업계획도 훌륭하고 업력도 있고 시스템도 알고 해서 자신 있었다. 더욱이 모텔 종사자 카페 회원 수는 1만 명을 넘겼기에 모든 것이 다 갖춰진 사업처럼 보였다. 나의 불빛을 갖고자 하는 마음, 나의 모텔을 갖고자 하는 마음, 모텔 청소하던 때 처량하게 보였던 나 자신, 샐러드 사업이 망한 뒤 세상을 원망하며 살아서 무엇할까 싶던, 그래서 죽어야 하나까지 했던 생각. 그 모든 것을 한 방에 끝낼 기회라고 생각했다.

실패는 성공의 어머니라고 하지 않았던가. 시련은 더 큰 성장으로 가기 위한 과정이라고 하지 않았던가. 나는 더 이상 시련이 나에게 오지 않을 것이라 확신했다. 유년 시절 그리고 청춘 시절 정도면 된 것 아닌가 자만하고 있었다. 그만큼 자신 있었다. 하지만 나는 또다시 그렇게 세 번째 실패로 달려가고 있었다.

나는 경기도 의정부 소재의 미군과 내국인들의 숙소로 사용되던 호텔 근무를 정리하고 의정부에 있는 투자자의 아파트에서 사업을 시작하면서 나의 4년 6개월 동안의 모텔 생활도 막을 내린다.

3장

스타트!

2005년 창업 1년 차

앞날이 깜깜했지만 스타트했고 전진했다

4년 6개월의 모텔 종사 생활을 접기 1년 전쯤부터 사업을 본격적으로 구상했다. 주변 지인에게 사업계획서를 보여주면서 가능 여부와 투자 여부를 물었고 모텔 종사자 모임 중 일부 소모임의 약 30명에게 사업 참여에 대해 호감을 주기도 했다. 지금으로 보면 IR을 한 것과 같은 것이다. 사업계획서 종이 몇 장 가지고 사업에 투자하고 참여하라고 한 것이다. 그중에 모텔 종사자 겸 카페 운영자로 있는 친구가 투자하기로 하고 예전에 같이 근무하면서 모시던 모텔 지배인님이 투자를 결정했다.

또한 내가 마지막으로 근무했던 의정부 호텔의 영업사장님이 투자를 희망했고 마지막으로 대학 때 테니스동아리 후배이면서 나에게 물어물어 모텔 일을 시작한 현 야놀자 부사장 등 다섯 명이 '호텔 모텔펜션'이라는 회사에 자본금 5,000만 원으로 시작하게 된 것이다. 2004년 여름부터 사업계획을 짜고 사이트 기획을 하면서 종종 모여서 토론도 하고 가야 할 방향성이나 자금 계획도 세우면서 앞으로 모든 것이 다 잘될 것이라는 착각으로 똘똘 뭉치는 사이가 됐다.

나에게는 두 번의 실패가 있었다. 하나는 주식투자의 실패, 또 하나는 샐러드 사업의 실패. 그러니 뭐든 세 번은 해봐야 할 것이다. 이번에는 모텔맨들이 모인 회사이고 모든 조건이 성공의 조건이라고 내심 안심했다. 사이트가 어느 정도 완성될 무렵인 2005년 3월에 회사를 시작했다. 우리는 사이트가 나오기를 학수고대하며 나날들을 보냈다. 자금을 아끼고자 투자자 중 한 분의 아파트에 거주하면서 책상 두 개를 놓고 나와 지금의 야놀자 부사장이 일을 시작했으며 다른 투자자들은 현업에 종사하는 것으로 했다.

결국 스타트 멤버는 나와 현 야놀자 부사장 둘이었고 일할 사람을 구하기 시작했다. 온라인 회사다 보니 최우선으로 디자이너를 구해야 했지만 쉽지 않았다. 디자이너는 여성이 많은데 우리는 남자 둘인데다 그것도 스타트업이고 아파트에 사무실이 있었다. 내가 여성이라도 쉽지는 않았을 것이다. 또한 요즘은 스타트업이라 하면 대세처럼 여겨지지만 2005년 당시만 하더라도 안정적인 직장이 우선시되던 때이다. 스타트업 기업에는 사람들이 자연스레 가지 않는 풍토가 형성돼 있었다.

복리후생이라도 좋으면 가겠지만 쥐꼬리만 한 월급에 무엇을 하는지도 정확하지 않았다. 더구나 모텔과 관련된 사업을 한다고 하니 누가 오겠는가. 그래서 면접을 아파트에서 보지 않고 인근 카페에서 보면서 달래고 달래서 사람을 출근시키곤 했다. 외주를 주었던 사이트는 어느 정도 완성이 됐고 디자이너도 구했고 영업할 사람도 구했다. 그렇게 우리의 마음은 창대하게 흐르고 있었다.

하지만 5,000만 원 자본금은 사이트 외주비용을 결산하고 월급이 나가고 하다 보면 눈 깜짝할 사이에 없어지고 마는 돈이라는 것을 당시에는 인지하지 못했다. 5,000만 원이면 최소 6개월은 버틸 수 있으니 6개월 동안 영업을 해 흑자전환을 하고 그렇게 되면 회사는 안정을 찾을 것이라는 어리숙한 계획으로 사업을 시작했다. 5,000만 원이란 돈은 순식간에 소모됐다.

자금을 아끼고자 아파트 주변 시장에서 장을 봐 직접 점심을 해 먹이고 회식도 안 하고 최소한의 비용으로만 견뎠지만 사업에서 들어오는 매출은 없었다. 결국 투자자들이 본인 투자한 지분율대로 매달 모자라는 금액을 추가 투자해야 한다는 합의를 했다. 우리의 적자 행진은 언제 끝날지 모르는 상황이었다.

모텔 납품 회사에 광고비를 받겠다느니 모텔 업주에게 홍보할 수 있는 루트는 모텔 이야기(종사자 카페)를 통해 이미 확보됐다느니 하는 엉터리 룰만 가지고 영업을 하니 그것이 먹히겠는가. 결국 B2B로 시작한 사업은 가망이 없어 보였다. 이래저래 사업한답시고 사람은 점점 늘어가고 있었다. 웹에이전시 대표도 회사에 합류하게 됐고 자금 상황은 가면 갈수록 더욱 나빠지고만 있었다.

나는 앞날이 깜깜했다. 그러나 멈출 수가 없었다. 다시 모텔로 돌아가 청소하면서 생활하는 것이 겁나는 것이 아니라 실패자라는 꼬리표가 평생을 따라다니고 나의 미래가 다시 0으로 세팅돼 원점으로 가야 하는 상황을 만들기 싫었기 때문이다. 그즈음에 투자자 중 친구인 다음 카페 운영자가 이탈하게 됐고 내부적으로 쉽지 않은 양상이었다.

그러던 중 모텔 이용자 다음 카페 '모텔투어'(다음카페 1만 명 회원) 주인장에게 연락을 받고 가보니 부모님께 발각돼 더 이상 카페를 운영할 수 없다고 했다. 그래서 인수하길 바라는 상황이었다. 나는 그 자리에서 인수하기로 결정했다. 그 당시 모텔 이용자 커뮤니티 카페의 '모텔 가이드'(다음카페 7만 명 회원)가 굉장한 폭발력을 가지고 있었기에 3등 업체이긴 하지만 나에게는 또 다른 도전이고 기회라고 직감한 것이다. 그렇게 '모텔투어'를 500만 원 정도의 금액으로 인수하고 그것에 밤낮없이 매달렸다.

어느새 영업을 다니느라 오전 10시에 의정부에서 출발하면 새벽 서너 시나 돼야 숙소 겸 사무실인 아파트에 들어가기 일쑤였다. 지배인들의 일상이 자정에 끝나기 때문에 기다렸다가 맥주를 마시고 소주 자리를 갖고 이야기를 듣고 하는 실질적인 영업은 그때부터였기 때문이다. 낮에는 광고 영업을 다니고 밤에는 네트워크 형성을 위해 한결같이 영업을 다녔다. 내 몸무게가 67~68킬로그램이었는데 사업하고 1년이 지난 시점에는 86킬로그램까지 살이 붙기도 했다.

영업을 다닌다고 회사가 흑자를 내는 것은 아니었다. 항상 월급날이 무섭고 1일부터 말일분의 급여를 그다음 달 10일에 이체하는데 늘 3~9일 사이에 먼저 이체했다. 여태 한 번도 급여를 밀려본 적이 없다. 그건 사원들 간에 최소한의 마지노선 약속이라고 생각한다. 월급을 먼저 챙겼다. 다른 공과금은 밀리더라도 적어도 월급을 먼저 챙기고 나야 마음이 후련했다. 단, 내 월급은 50만 원이었고 부사장의 월급은 70만 원이었지만 그때는 제때 가져가 본 적이 단 한 번도 없었다.

월급을 가져가기는커녕 돈을 구해서 지분율만큼 자금을 집어넣어야 하는 상황이 지속적으로 발생했다. 부사장은 자기 차를 팔아서 그 돈을 감당하기도 했다. 사업 구상할 때 자금 계획을 세웠지만 맞아떨어지는 것은 하나도 없었다. 자금은 두 배 이상이 나가고 매출은 생각한 것의 절반도 되지 않았다. 그렇게 나는 무지 속에서 사업을 진행해 왔고 오로지 청춘이니까, 열정으로 하는 거니까, 원래 형그리하게 살았으니까, 언젠가는 될 거니 포기하지 말자는 심정으로 하루하루를 버틴 것이 오늘날의 야놀자가 있게 된 계기이다. 사업은 연필 가지고 끄적끄적하는 것이 아니었다.

사업은 사업계획서가 아무리 훌륭해도 그것은 그저 미래에 대한 망상이나 바람일 뿐이다. 현실은 그것에 따라 돌아가지 않았다. 사업을 시작하면서 가장 힘든 건 언제나 돈의 흐름이었고 돈을 좇으면 돈은 더욱더 멀리 도망 다니는 듯했다. 변화를 알아야 사업을 할 수 있을 듯하다. 현실을 얼마나 빠르게 인식하고 지표를 수정하여 적용하느냐에 따라 성장동력을 찾을 수 있는지 없는지가 생기는 오묘한 것 같기도 하다. 지금도 사업을 하고 있지만 마찬가지인 듯하다. 나는 어쩌면 사업을 한 것이 아니라 돈과 사람이라는 것을 조금씩 이해하는 일을 한 것인지도 모르겠다.

먼 훗날 오늘이 그토록 그립도록 하자

먹이를 찾아다니는 하이에나를 잠시 떠올린다. 아직은 많이도 부족한 마음에 조금은 조급해지는 것은 아닌가 해 여유를 찾으려 한다. 하나하나 풀어나가다 보면 언젠가는 좋은 날이 찾아올 것이라 믿는다. 먼 훗날 이날이 그토록 그립고 좋은 추억이 돼 있을 날이 오겠지.

하루가 힘들지는 않았다. 이곳저곳 돌아다니는 중에 내가 하는 부족한 행동이나 영업방식에 대한 스스로의 질책이나 텅 빈 가슴이 잠시 힘들 뿐이다. 하지만 나는 안다. 나에게는 감당하고 이룩해낼 힘이 있다는 것을. 그것이 나라는 것을. 그것 뒤에는 성공이 있다는 것을.

두려워하지 말자!

게을러지지 말자!

항상 노력하자!

이수진 오늘 하루도 수고했다. 내일은 더 힘차게 비상하자.

2005. 08. 19. 00:45

또 다른 하루의 경계에 서서 설렌다

오후 1시에 외근을 나가서 새벽 5시에 들어오는 오늘. 참으로 기분이 묘하다. 그동안 내가 우물 속에만 있었던 것 같기도 하고 또 다른 나를 찾은 듯하기도 하다. 피곤함은 없다. 일에 대해 즐거움만 있다. 즐거움은 내가 무엇을 해야 할지를 가르쳐주는 중요한 스승이다. 나는 다짐한다. 내가 좋아하는 일에 오래도록 최선을 다할 수 있도록 만들 것이다. 오늘 일을 마치고 조금 있으면 다시 일을 시작한다. 또 다른 하루의 경계에 서 있는 나는 설렌다.

그렇게 사업을 할 것이다.

2005. 08. 23. 05:59

가장 힘들기에 가장 행복하다

결혼 문제, 자금 문제. 과거 그 어느 때보다도 마음이 텅 빈 지금이 어찌 보면 가장 힘들다. 하지만 지금이 나의 인생에서는 가장 행복한 때로 기억될 것을 안다. 이만큼 달려본 적이 없기 때문이다. 이만큼 머리 터지도록 생각해본 적이 없기 때문이다. 힘들지만 행복하다.

2005. 08. 30. 00:57

때론 긴 터널을 지나가야 한다

요즘은 그렇다. 뭔가 보일 듯하다가도 감춰지고 뭔가 될 듯하다가도 어디로 사라지고. 긴 터널을 지나는 느낌이다. 이 터널을 지나면 분명 사람들 살아가는 세상이 나올 것인데 터널은 길기만 하다.

2005. 09. 09.

먼저 주고 인정할 수밖에 없게 만들자

혹시 불평만을 하고 있지는 않은가. 아무리 생각해도 온통 불평하고 있는 듯하다. 혹시 즐겁게 일하겠다고 하고선 언제나 불안하게 일하는 것은 아닌가. 그건 내가 바라던 성공의 길과는 거리가 멀다. 항상 생각하자. 일하는 데 있어 먼저 받으려고 하지 말자. 내가 할 수 있는 것이 무엇인가, 내가 해줄 수 있는 것이 무엇인가, 그리고 그 사람들이 인정하게 만들자. 내가 없으면, 우리 회사가 없으면 안 되는 것이구나.

그때는 우리의 몸값이 많이 올라갈 것이다. 하지만 지금 아무것도 하지 않고 몸값만 올려달라는 것은 누구에게도 통하지 않는 전략이다. 항상 먼저 해주자. 먼저 모텔 홍보를 해주고 먼저 업체에 대한 오더가 많이 가게 해주고. 그리고 언제나 먼저 행복한 모습으로 행복해질 수 있다고 리드하자. 그것이 내가 해야만 하고 일을 진정 사랑하는 방법이다. 그렇지 않고 불평과 불안만으로 사업하다가는 언젠가는 망한다. 행복과 즐거움이 있어야 그리고 그것이 내게만 있는 것이 아니라 고객에게 있어야 성공할 수 있다.

2005. 10. 30. 14:01

2006년 창업 2년 차

끝까지 포기만 하지 않으면 된다

"끝까지 포기만 하지 않으면 된다."

이 문구는 항상 나 혼자 중얼거리며 머리에 새기고 마음에 새기고 내 행동에 새기는 내 인생의 좌우명이다. 무엇을 만들든 어떤 결과가 되든 후회하지 않는 삶을 살기 위해서 꼭 필요한 가치의 지향점이다. 시시하게 해놓고 대충해놓고 아무렇지 않게 "나 열심히 했어. 이 정도면 다 한 거지." 하고 만다면 우리의 말과 행동 그리고 마음에 어떤 의미 있는 변화가 있겠는가.

누구나 생각은 할 수 있다. 누구나 마음먹을 수 있고 누구나 행동으로 시작할 수 있다. 하지만 좋은 결과는 누구에게나 돌아가지 않는 것이 세상의 이치이다. 그 차이는 스스로 선을 긋고 만족하고 합

리화하기보다는 끝까지 포기하지 않는 데서 기인한다고 생각한다. 좋은 결과라고 해서 꼭 성공적인 결과를 말하는 것은 아니다. 행하는 과정에서 얼마나 많은 인내와 생각 그리고 그것에 대한 반복적인 노력이 있었는가에 따라 당장은 실패하고 좋은 결과를 가져오지 못했더라도 그 경험을 토대로 다음에는 비로소 방법을 찾고 실패 확률을 줄일 수 있을 것이다. 이것이 바로 스스로의 인생에 진정성 있게 한 발짝 다가서는 것이 아닌가 싶다.

처음 야놀자를 시작하고 영업을 다녔다. 처음 우리의 비즈니스 모델은 모텔을 홍보해주는 다음 카페였다. 그렇기에 회사가 먹고살려면 모텔로 달려가 영업을 해 모텔 광고를 받아와야 했다. 영업사원들은 다섯 명 정도 있었지만 실상 실적을 올리는 사람은 없었다. 결국 사장인 나까지 영업전선에 투입돼 숙박업소에 근무하는 직원부터 지배인은 물론 사장님들까지 차례로 만나 뵙고 입에 침이 마르고 단내가 나도록 야놀자에 관해 설명하고 또 설명했다. 내 발길이 안 닿은 모텔이 없도록 다닌 기억이 아직도 생생하다. 야놀자가 어느 정도 자리를 잡은 지금이야 "모텔을 광고한다."라는 것이 당연하게 받아들여지는 아무렇지도 않은 일상이 됐다. 하지만 사업 초기에는 모텔 광고 자체가 대한민국에 존재하지 않는 비즈니스 모델이었다. 한 번도 광고를 상상조차 해보지 않은 사람들에게 "모텔을 광고한다."라는 말이 될 법이나 한 소리인가?

"모텔을 광고해? 왜 해야 하는데?"라는 물음이 내게 쏟아졌고 "고객이 많이 올 것입니다."라는 대답에는 "광고 안 해도 손님이 많이 오는데 왜 돈 들이고 할인까지 해가며 해야 하는데?"라는 반문이 즉시 튀어나왔다. 이 물음에 사장인 나도 대답할 말이 없는데 사원들은 오죽이나 할까? 지금도 손님이 많은데 야놀자에 매달 광고비를 내면서 야놀자 회원이 찾아오면 숙박비 할인이나 이용시간 연장까지 해달라고 하니 과연 이게 맞는 이치인가? 손님 대기가 기본 30분 이상인 어느 유명식당이 있다. 홍보해주겠다며 카메라를 들이대면 되레 찍지 말라고 한다. 그런 곳에 신생식당 홍보하는 회사가 찾아가 "광고하세요. 그리고 저희 사이트를 통해 오시는 고객에게는 10퍼센트 할인해주세요."라고 한다면 식당 사장님은 뭐라고 말할 것 같은가? 딱 그 짝이었다.

"모텔을 광고한다."라는 비즈니스 모델을 접어야 하는가? 고민이 끊이질 않았다. 젊은 사람이 사기꾼 아니냐는 소리를 듣자니 자괴감이 몰려왔다. 사장이란 사람이 젊기도 하지만 촌스럽게 생겨서 구닥다리 차를 끌고 다니면서 한 달 15만 원, 100만 원 가격의 광고를 하라고 하니 이게 말이 되는 소리인가 싶었을 것이다. 나는 그런 날일수록 속이 상하기는 했지만 포기하고 싶은 마음은 없었다. 수년의 현장경험에서 나온 확신이 야놀자는 분명히 가능성 있는 사업이라고 말해주고 있었다. 찾아다니고 또 찾아다니고 종업원을 만나고 지배인을 만나고 사장님들을 만나 매번 거절당했지만 포기하고 싶은 마음은 없었다. 1994년식 엑센트 차량의 정비비와 기름값이 아깝기는 했지만 포기하고 싶은 생각은 나 스스로에게서 접어두기로 했다. 그러다 전환점이 찾아왔다. 어느 날 한 사장님이 말씀하셨다.

"요즘은 들쭉날쭉해."

"예? 뭐가요?"

"예전에는 문만 열어두면 손님이 알아서 찾아왔는데 요즘은 실상 들쭉날쭉한 날들이 좀 있어."

그 순간 '아!' 하는 것이 머리를 탁 스쳤다. '보험성으로 하셔라. 광고를 보험성으로 하셔라.' 나는 그 사장님께 이렇게 말했다.

"우리 광고를 보험이라 생각하시고 한번 해보시지요. 들쭉날쭉한 날이 없도록 노력하겠습니다. 저를 미래의 보험이라고 생각하시고 저를 믿고 해보신다면 분명 보험료 내신 것보다 훨씬 많은 보상금이 나올 것입니다."

결국 그날 다음 카페에서 사업하던 시절 가장 비싼 광고배너인 100만 원짜리 광고를 팔게 됐다. 그것이 나의 첫 번째 모텔 광고를 따낸 날이자 우리 회사의 첫 번째 모텔 광고를 따낸 날이었다. 그 사장님과는 몇 년 동안 정말 친하게 지냈고 모텔에 무슨 문제가 있으면 불러서 상의를 하기도 했다. 개인적인 속사정까지 다 이야기하시고 항상 고맙다며 밥 사주시고 하셨는데 불행하게도 혈액암으로 돌아가셨다.

장지까지 따라가 좋은 곳 가시라 하며 처음 광고를 따내던 날을 생각하니 나도 모르게 답답함이 밀려왔다. 나를 보험 삼아 믿어주시고 도움을 많이 주신 분이, 나를 열렬히도 응원해주신 분이, 나를 이해해주시던 분이 내 인생 통틀어 나에게는 참으로 소중했기에 지금 생각해도 눈물이 난다. 만약 광고를 따지 못한다고 접거나 혹은 기름값이 아깝다고 현장을 돌아다니지 않고 머리로만 생각하고 방법을 찾으려 했다면 지금의 야놀자가 있었을까?

나는 똑똑하지 못해 몸으로 마음으로 실천하고 포기하지 않는 삶을 살고 있다. 어찌 됐든 간에 끝까지 포기하지 않으면 당장은 시련이 오고 실패가 온다고 해도 그것이 쌓여 경험이 되고 누구에게도 빼앗길 수 없는 나만의 방법을 만들어낼 수 있다고 믿는다. 보험을 들어놓는다는 발상은 순식간에 50여 곳의 광고를 따올 수 있는 원동력이 됐다. 그 원동력은 근 10개월 미친 듯이 뭣도 모르고 돌아다니며 수많은 실패와 좌절을 겪고 사기꾼이라는 말까지 들어가며 취득한 노하우와 포기하지 않는 마음에서 생겨난 결과였던 것이다.

그래서 나는 지금도 어려움이 있거나 잘 풀리지 않거나 생각하는 이상의 것이나 생각지도 못했던 상황에 나를 노출시키거나 직면할 때 제일 먼저 중얼거리고 새기는 말이 "끝까지 포기만 하지 않으면 된다"이다. 많은 사람이 당연한 이야기 아닌가 할 수도 있다. 그런데 남들에게는 당연하게 말하고 행동하라고 하는 것들이 본인에게는 한없이 너그러워지고 타인에게 하는 것과 똑같은 잣대를 들이대지 않는다. 내가 말하고 싶은 것은 남 이야기하는 것이 아니라 스스로에게 진정으로 물어 그렇게 행하는가를 물어보라는 것이다. 남의 말이나 남의 행동을 신경쓸 시간에 내 인생과 내 스스로를 돌아보는 게 가장 중요한 부분 아닌가.

어떠한가? 이수진. 요즘 참 많은 일에 직면해 있고 해야 할 엄청난 비전과 목표를 가지고 있는데 자신 있는가? 당연하다. 끝까지 포기하지 않고 열렬하게 할 자신이 있다. 결과는 그다음에 생각할 것이다.

야놀자는 지옥 문턱에서 받은 선물이다

우리에게는 수많은 위기가 찾아왔다. 아니, 시작부터 위기였다. 매출은 없는데 가지고 있던 자금은 바닥났다. 시작할 때의 포부와는 달리 1년 이상을 적자 상태로 보냈다. 나는 자금운영 방법도 몰랐고 위기 상황에 대한 준비도 없었던, 그래서 아껴 쓰는 것밖에는 다른 방법을 알지 못했던 미숙한 사장이었다.

야놀자의 시작은 요즘 스타트업이 공통으로 겪는 상황과 크게 다르지 않았다. 창업하고 처음 1년은 살아남기 위해 이를 악물고 견뎌내야 하는 혹독한 시기다. 그 사이 이윤을 만들기란 결코 쉬운 일이 아니다. 회사를 운영하기 위해서는 아무리 규모가 작더라도 이것저것 지출해야 할 금액이 많기 때문이다. 야놀자 역시 회사 살림을 정산하고 나면 매달 적자를 면치 못했다. 그 무렵 사장인 나의 가장 큰 업무는 여기저기 돈을 구하러 다니는 것이었다.

당시 야놀자는 월급을 제날짜에 줘본 적이 없다. 월급이 밀렸다는 말이 아니다. 월급날은 10일이지만 그날까지 기다렸다가는 돈이 어디로 사라질지 모르기 때문에 통장에 급여 액수만큼 돈이 차면 3일이든 5일이든 7일이든 재빨리 직원들에게 이체시켰다. 나중에 직원들에게 들으니 회사에 여유가 있어서 먼저 준 것인 줄 알았다고 한다.

어떻게 보면 회사 상황이 제대로 공유되지 않았음을 반성해야겠지만 그래도 월급을 챙겨준다는 이미지는 확실히 각인됐다. 직원들과 신뢰 관계가 형성된 것이다. 신뢰가 깨지면 회사는 어떤 일도 이루어낼 수 없다. 지금 돌이켜보면 직원들의 월급부터 제일 먼저 챙겼던 것은 재정 위기를 극복할 수 있었던 가장 현명한 방법이 아니었나 싶다.

신생 회사의 구성원들은 생산적인 일에만 매달리기에도 시간이 모자란다. 하지만 위기 상황이 되면 위기에 대처하느라 다른 생산적인 일들을 진행할 수 없다. 따라서 위기관리는 위기가 찾아오기 이전부터 시작돼야 한다. 아무 준비도 돼 있지 않은 상태에서 위기를 맞이하면 상황을 주도하지 못하고 마냥 끌려다니게 된다. 어떻게 탈출할지만 생각하며 전전긍긍하는 감옥살이가 시작되는 것이다. 부끄럽지만 야놀자도 준비되지 않은 채 위기를 맞아 크나큰 혼란에 빠진 경험이 있다.

창업 당시 우리 회사의 이름은 야놀자가 아니었다. 첫 사명은 '모텔투어'였고 그 약자인 '모투'를 서비스 상호로 사용하고 있었다. 회사가 막 일정한 수익을 만들며 성장의 가능성을 보일 무렵 우리는 어이없게도 상표권에 대한 이해가 부족해 경쟁사에 상표권을 빼앗겨버렸다. 1년 반 동안 써오던 '모투'라는 이름을 사용하지 못하게 된 것이다. 웹서비스로 이름을 알린 회사가 그 이름을 버리고 처음부터 다시 시작해야 한다는 것은 사형선고와도 같은 일이다. 우리는 우왕좌왕 어찌할 바를 몰랐다. 경쟁사와 협상을 해보려 했지만 무산됐다. 평소의 생산적인 활동들을 포기하고 이 문제에만 두세 달을 매달려 지내야 했다. 피가 마르는 시간이었다.

2006년 8월에 결국 '모투'라는 상표를 버리고 우리는 '야놀자'라는 상표를 갖게 됐다. 지금에야 야놀자의 상표가 좋다는 말을 많이 듣고 있다. 하지만 당시에 '야놀자'라는 이름은 그야말로 '듣보잡'이었고 서비스 상표로 사용하는 것을 반대하는 내부의 의견도 많았다. 돌이켜 보면 그때의 일이 '야놀자'라는 브랜드를 갖게 된 전화위복의 기회였다. 하지만 당시에는 회사 문을 닫게 될지도 모른다는 불안감에 모든 구성원이 낙담해 있었다. 이 모든 일은 미리 상표권이라는 제도만 알았어도 충분히 막을 수 있었다. 우리는 가장 기본적인 부분도 미리 준비하지 못했기 때문에 회사가 성장해야 하는 중요한 시간을 허비했고 상호를 잃는 아픔을 겪었다.

위기가 어떻게 다가올지 예측할 수는 없다. 하지만 다행인 것은 위기가 발생하기 전에는 항상 어떤 형태로든 그 징후가 감지된다는 것이다. 위기 극복의 단서가 되는 이런 징후들을 알아차리기 위해서는 끊임없이 지식을 습득하고 주변을 관찰해야 한다. 무엇이 위험 요소인지 수없이 자문하고 극복 방안을 다양하게 시뮬레이션해야 한다. 세상의 변화와 유행을 파악하는 것도 매우 중요하다.

이런 노력이 계속되면 회사가 위기에 빠질 확률도 상당히 낮아진다. 그럼에도 불구하고 신생 기업이 위기를 완벽히 대비한다는 것은 불가능에 가깝다. 판단의 근거가 되는 경험이 부족하고 사용할 수 있는 기술과 자본에도 한계가 따른다. 브랜드 인지도도 높지 않다. 스타트업 회사는 위기에 맨몸으로 노출된 것 같은 위태로운 처지에 놓여 있다. 그렇다고 낙담할 필요는 없다.

어떠한 기업도 위기 없이 탄탄하게 성장만 하는 경우는 없다. 위기를 얼마나 잘 대처하고 극복해내는가에 따라 쇠퇴하기도 하고 성장하기도 한다. 야놀자도 마찬가지다. 개인 여럿이 모여 자본금 5,000만 원으로 시작해서 지금의 모습으로 성장하기까지 회사 내부와 외부에서 많은 위기를 경험해왔다. 하지만 나와 사원들은 목표를 잃지 않았고 위기를 기회로 만들어왔다. 위기 속에 생긴 크고 작은 상처를 이겨내며 더 성숙해진 것이다. 어쩌면 우리에게 지금까지 겪은 것보다 더 큰 위험이 다가오고 있을지 모른다. 하지만 지금껏 그래 왔던 것처럼 그 위기를 우리의 기회로 만들어낼 것이다. 나는 즐길 준비가 돼 있다.

도움을 요청하는 것도 최선의 일부분이다

어느 날 아들은 큰 돌덩이를 들어서 징검다리를 만들고 있었다. 이제 거의 완성이 돼 마지막 하나의 돌덩이만 들면 되는 상황이었다. 하지만 아들은 지쳤고 돌덩이도 상당히 무거워 땀을 많이 흘리며 애를 쓰는데도 꿈쩍도 하지 않았다. 아버지가 다가가 아들에게 "애야, 힘들지. 하지만 최선을 다해보렴. 그러면 네가 생각하는 일은 보다 쉽게 끝날 수 있단다."

아들이 말했다.

"아버지, 최선을 다하는데도 아무리 힘을 줘도 꿈쩍도 하지 않습니다. 저에게는 불가능한 일인가 봐요. 정말 있는 힘을 다하는데도 꿈쩍하지를 않아요."

아버지는 아들의 말을 듣고 아들에게 살며시 다가섰다.

"아들아, 네가 정말 최선을 다했는지 다시 한번 생각해보렴."

아들이 들지 못하는 돌을 아버지가 힘을 보태서 둘이 들어올렸다. 그러니 꿈쩍도 하지 않던 돌은 서서히 움직였고 결국 징검다리를 완성시켰다. 완성시킨 후 아버지는 아들에게 말했다.

"아들아, 최선이란 것은 꼭 혼자만 해야 하는 것은 아니다. 내가 옆에 있는데 너는 나에게 도움을 청하지 않았다. 도움이 없이는 아마도 이 징검다리를 완성하지 못했을 것이다. 정말 도움이 필요해 진정한 도움을 청하는 것도 최선의 일부분이다."

이 이야기의 상황처럼 우리는 흔히 자기 혼자 일을 처리해야 최선이라고 가끔 오해한다. 하지만 정말 힘이 들고 지칠 때는 혹은 다른 이와 힘을 합쳐서 더 큰 결과물을 낼 수 있다면 다른 사람들과의 동행도 최선일 수가 있다.

2006. 09. 19. 14:09

진짜 본격적인 시작이니 끝까지 가보자

끝이 보이지 않는 일인 듯싶을 때 어리석음으로 끝을 보려 하지 말고 또 다른 시작을 생각하고 정진해야 한다. 야놀자 독립 사이트가 만들어졌다. 이제부터 진짜 본격적인 시작이다. 이왕 하는 것 제대로 하자. 재미나게……. 또한 이제 분명해졌다. 가야 할 길에 대해 더욱 분명해진다. 안개 속에서 보이지 않던 방향성이 이제는 분명해지니 한번 가보자.

2006. 11. 23. 00:12

도전하지 않으면 기회를 잡을 수 없다

　나에게는 늘 기회가 찾아온다. 수많은 이야기를 들어야 하는 자리에 있다 보니 온통 기회이다. 하지만 그 기회가 전부 우리의 것이 될 수 없다. 그 전부를 하려고 한다면 아마 지금 잡화상이 돼 있어야 할 것이다. 그 기회 중에서도 내가 흔들리지 않을 것, 즐길 수 있을 것, 나의 통념적 가치관에서 벗어나지 않을 것, 내가 계속 연구해왔던 것에만 관심을 두어야 성공할 확률이 있는 것 아닌가. 그래야 힘들더라도 쉽게 포기하지 않을 것 아닌가. 그래서 기회는 스스로 가장 잘 아는 분야, 가장 잘할 수 있는 일에서 찾아야 한다. 5년 전 어느 날의 일이다. 나에게 예전 모텔 청소를 같이하던 형이 찾아왔다.

　"수진아, 나 지배인 자리 좀 구해줘."

　"지금 있는 곳에서 벌써 7~8년 있었고 능력도 인정받아 총관리자인 지배인인데 무슨 소리예요?"

　상황이 이래저래 해서 그만둬야겠다는 이야기고 아이도 있고 모텔 생활하면서 배운 게 도둑질이라 다른 곳 지배인으로 가야겠다는 것이었다. 그 형은 모텔 생활을 근 10년 넘게 했고 그동안 집도 아파트를 포함해 세 채를 샀다. 그렇다고 비싼 것은 아니고 임대를 할 목적으로 경기도권의 빌라와 아파트 분양을 받은 것이었다. 나는 형에게 더 이상 지배인 생활을 하지 말라고 권했다. 딱 2시간을 설득했다.

　지배인 자리야 얼마든지 구해줄 수 있지만 365일 쉬지 못하는 생활을 언제까지 할 것인가. 10년 넘게 했으니 이제는 더 큰 꿈을 펼치라고 했다. 그리하여 분양받은 아파트를 급매로 넘기고 인천 송도에 30개 객실의 작은 모텔을 임차해 모텔 사장이 됐다. 그것을 필두로 지금은 어엿한 자기 숙박업 사장이 됐다. 이 형이 나와 만나면 늘 입버릇처럼 이야기하는 것이 있다.

"내가 너 때문에 이렇게 먹고산다. 나의 은인이다. 내가 그때 그 기회를 잡지 않고 고민만 하다가 도전하지 않았다면 어떻게 지내고 있을까. 지금 생각하면 아찔하다. 아직도 지배인 생활을 하면서 미래를 걱정을 하고 있을 것 아니냐?"

하지만 내가 해준 것은 단지 2시간의 설득이었다. 아파트를 팔면 작은 모텔을 임차할 수 있는 상황이 됐고 10년 이상의 경력이 있었고 누구보다 열심히 살았고 또 젊음이라는 청춘이 존재했기에 충분히 도전해 성공할 수 있다는 2시간의 설득밖에는 한 것이 없다. 물론 실패를 할지도 모르지만 적어도 자신이 가장 잘 아는 일을 자신이 최선의 노력을 한다면 그것이 대박은 아니어도 먹고사는 문제는 해결된다는 것이 나의 지론이다.

기회라는 것은 자신이 뿌려놓은 씨앗과도 같다. 얼마나 잘 농사를 짓고 있었느냐에 따라 스스로에 다가오는 크기가 달라질 수 있고 도전할 수 있는 척도가 되기도 한다. 또한 도전 이후에 성공할 수 있는 방향성이 남에게 혹은 경기 상황에 있는 것이 아니라 자신에게 있다고 믿고 있다. 그래서 나는 지금도 내가 가장 잘할 수 있는 것에

열중하며 그것을 즐긴다. 때때로 머리가 정말 아프기도 하지만 그것
조차도 나에게는 해야 할 몫이며 행운이라고 생각한다. 도전하지 않
으면 나에겐 삶의 의미가 없다. 그렇기에 나는 도전하기 위해 기회
를 잡아야 하고 기회를 잡기 위해 나의 일에 최선을 다해야 한다.

2007년 창업 3년 차

잔잔한 일상에 조용히 돌을 던져보자

무한 질주를 하고 있다. 질주하다 보니 나는 무엇을 위해 어디를 향하는지도 모르게 막무가내로 뛰는 자신을 발견한다. 잠시 멈추고 나를 뒤돌아보니 참으로 한없이 달리기만 한 그런 내 모습에 나조차도 안쓰럽다. 그러면서 내가 잘 가고 있는지 없는지도 잘 알지 못하면서 힘껏 달리면 목표 지점에 도달할 것이라고 착각하며 살아가는 일상에 조용히 돌을 던진다.

돌아봐라. 내가 온 길이 맞는 것인가? 얼마나 와 있는 것인가? 내가 처음에 생각했던 혹은 이정표를 고치면서 느꼈던 그 감정이 고스란히 지금에 존재하는지를 알아야 내 갈 길을 갈 것 아닌가. 사업하다 보면 나도 모르게 급해지고 또한 주변의 여러 변화 속에 나도 모르게 휩쓸릴 때가 있다.

내 의지로 휩쓸리고 그것을 헤쳐나가면 참 좋은 것인데 주변인들이 다 하니깐 여기저기서 그렇게 맞는다고 하니깐 나도 모르게 급해진다. 아직 갈 날은 많고 또한 아는 것을 다 해보지도 못했다. 그런데 새로운 것과 유행하는 것에 대한 갈망으로 나도 모르게 휩쓸려 내 길에서 멀리 떠밀려 난 그런 모습이 종종 발생한다. 그래서 나는 돌아보기를 때때로 한다.

잘 가고 있는 것인가. 잘하고 있는 것인가를 알 순 없다. 인간은 미리 미래를 보지 못하기에 과거의 길을 바라보면서 어느 정도 진정되게 향하는지, 삐뚤거리며 왔는지, 아니면 방향 자체가 다른 방향으로 운전대를 틀고 가는 것인지를 살펴야 한다.

사업하는 사람이라면 아마도 조용한 날 혹은 땅만 보고 바삐 걸어가다가 자신도 모르게 하늘을 보면서 서 있는 자리가 어디쯤인지를 누가 뭐라 하지 않아도 보게 되는 것 같다. 그것은 본능이고 그 본능에 충실해 자신의 과거를, 회사의 지나온 날들을 잠시 생각하고 흐트러진 것들을 쓸어 담고 하다 보면 결국 초심이라는 것을 생각해내고 마음을 따로 쓰지 않아도 가야 할 길에서 스스로의 주체성을 가지는 것은 아닐까 생각한다.

우리는 어떤 사람인지, 어떻게 살아왔으며 어떤 식으로 살아갈 것인지를 때때로 잊고 살아간다. 너무 바쁘다는 핑계로, 그것을 생각할 여유조차 없다고 말하며 닥쳐오는 상황에 대처하기도 바쁘다고 한다. 나도 그러하다. 사장으로 살면서 더욱 그러하다. 하루가 어떻게 갔는지, 일주일이 어떻게 흘렀는지 그러다가 보면 한 달이고 1년이다. 하루하루가 절박하지는 않을지 몰라도 1년은 너무도 절박하다.

뒤돌아보면 더욱 절박했고 어떻게 풀어왔는지 잘 모를 정도로 정신없이 흐른 듯하다. 그런데 그 순간 앞날을 다시 설계해야 하고 멈출 수 없는 것이 사업의 본질 아닌가. 그렇다고 마냥 달릴 수는 없는 일이다. 특히나 위험에 닥쳤을 때는 더욱더 한 발짝 물러서서 위기인지 위험인지를 감지할 수 있는 더듬이 같은 느낌이나 과거의 비슷한 경험이나 주변의 조언을 듣기를 원한다. 그러나 그게 쉬운가.

사람은 응급상황이 생기면 허둥지둥 빨라지게 마련이다. 또한 무엇을 해야 하고 무엇이 우선순위인가를 잊기 일쑤이다. 응급 처치가 다 끝나고서야 '아차! 이렇게 할 것을. 이런 방법도 있었다.'라며 여러 가지의 방향성을 찾아내기도 한다. 즉 최선의 방법보다는 가장 빨리할 방법을 찾는 데 급급해진다.

그래서 우리는 한 발짝 물러서서 자신을 돌아볼 수 있어야 하고 아주 잠시 심호흡을 하면서 과연 맞는 길인지를 다시 되짚어볼 필요가 있다. 많은 위기도 있었고 기회도 있었다. 그리고 많은 변화도 있었고 슬럼프도 있었다. 시간의 흐름이 총알보다도 빠른 것처럼 느껴질 때가 있었고 시간의 흐름이 정말 멈춰진 것처럼 느껴질 때도 있었다. 그런 날들을 모두 만족스럽게 보낼 수는 없다. 그런 날들을 모두 내 편으로 만들 수는 없다.

다만 적어도 수많은 것들 속에서 나에게 만족할 만한, 야놀자에게 만족할 만한 것을 찾고 승률을 높이기 위해 미래에 더욱 큰 가치로 성장할 방법을 찾기 위해 결국 결정해야 했다. 그리고 그 결정에 앞서 어떤 목표를 향해 가는지, 왜 그렇게 가야 하는지 물어보고 찾아보아야 했다. 우리 미래 가치의 성장은 어떻게 이루어질 수 있는지를 깊이 있게 물어보고 생각해야 할 때인지도 모르겠다. 그래서 나는 잠시 멈추고 뒤돌아보기를 하는 중이며 그에 따른 결과가 향후 미래에 우리의 가치를 성장시킬 수 있는 초석이 되길 희망한다.

미치도록 좋아할 때 변화가 시작된다

우리에게 한계는 무엇일까? 내가 할 수 있는 일은 여기까지라는 마음이 우리의 한계를 만드는 것은 아닐까. 나에겐 아직 우리의 한계점이 보이지 않는다.

현재와 과거를 돌아보았을 때 가장 아쉬운 점은 '열정 부족'이다. 우리에게 가장 큰 힘은 한계를 모르는 '열정'이다. 열정은 말로 표현하기 이전에 행동으로 먼저 표출된다. 이를 닦는 시간에도 샤워하는 순간에도 잠을 청하는 시간에도 열정은 드러나게 마련이다. 때로 나는 광기 섞인 미친 모습으로 돌변해 버리는 모습을 볼 때면 그제야 '열정'을 느낀다.

미치도록 좋아하는 일을 만났을 때의 그 희열은 참으로 대단하다. 간혹 미친 열정을 표현하는 나로 말미암아 사원들이 힘들어할 때도 있다. 하지만 나는 믿는다. 우리는 미래에 피어날 가치를 가꾸는 중이라는 것을. 미치도록, 정말 미치도록 좋아할 때 변화가 시작된다는 것을. 스스로 그어놓은 한계선 앞에서 더 이상 변명하지 말자. 그 한계선을 한번 넘고 나면 그것은 더 이상 아무것도 아니다. 열정이 살아 숨쉬는 한 한계는 없다.

2007. 04. 26. 09:57

바뀌지 않으면 발전할 수 없고 죽는다

이것저것 다 내 것이 될 수는 없다. 버릴 것은 버려야 살 힘이 생긴다. 소유하지 않을 때 비로소 소유할 수 있다. 위탁사업부를 버리자. 내가 만든 것이 아니거늘 욕심을 내봐야 추해 보이기만 한다. 내 것이 될 수 있는 것조차 흔들리면 내 것이 안 될 수 있다.

전체적으로 야놀자의 몸집이 커지고 있다. 그에 따라 변화가 지속되지 않으면 몸집은 커지는데 옷은 작아 움직임이 불편해지고 우스꽝스럽게까지도 변할 우려가 생긴다. 이 시점에서 무엇을 어떻게 해야 하는지 생각하고 그에 따른 판단을 내려야 한 단계 도약할 수 있을 것이다.

대충대충 해오던 것부터 체계적으로 변화해야 한다. 하지만 공감하지 않는다면 변화에 대한 체계화는 실패로 돌아갈 것이다. 독선과 위선 그리고 마음의 공존과 타협, 전쟁, 평화, 유유한 모습, 그 외 수많은 감정과 행동들 속에서 가장 필요한 것이 무엇인가를 찾아야 하는 시기가 조금 더 일찍 온 듯하다. 그 시기가 예전에는 두려웠다면 지금은 변화를 위한 한 단계 업그레이드로 가는 도약의 문이라는 생각이 든다.

바뀌지 않는다면 발전할 수 없다. 보이는 문제이든, 보이지 않지만 마음으로 느껴지는 문제이든 그것이 분명 문제인 것은 확실하다. 그것이 바뀌지 않으면 우리는 그 문제로 회사가 망하는 길로 접어들 수도 있을 것이다. 바뀌지 않는다면 발전할 수만 없는 것이 아니라 죽을 수도 있다. 아니, 죽는다. 살기 위해서는 바뀌어야 한다.

2007. 08. 27. 02:39

소중한 사람들이 있기에 다시 파이팅이다

오래간만에 회식하니 기분이 참 좋다. 가을이 오려 하는지 마음이 감상적으로 변하는 것이 가을 남자가 되는 느낌이다. 찜통더위가 기승을 부리더니 하루아침에 가을 분위기의 날씨가 오니 시원스럽고 좋다. 자주 회식도 하고 사는 이야기도 듣고 해야 하는데 일상이 뭐 그리 바쁘고 여유가 없다고 이리도 오래간만에 회식을 하는지. 우리 소중한 사람들에게 미안한 마음이 든다. 뒤를 돌아보고 앞을 내다보는 일이 일과인 나에게 큰 지표가 돼주고 또 미래에 좋은 벗이 돼 주는 이들이 있어 행복하다.

"얼굴 간지럽게 왜 그러세요, 사장님~ 하는 사람 누구여~ 연봉에 문제 있어~"

2005년 12월에 내가 자주 하던 말이 오늘은 유난히 생각난다. 적자는 눈덩이처럼 불어나고 미래는 잘 보이지 않던 그 시절.

"지금이 나에게는 한계인가 보다. 정말 힘들다. 내 생에 가장 힘든 시기인 듯하다. 하지만 내 생에 가장 행복한 시간이기 때문에 웃을 수 있다."

힘들지만 행복한 시간이었던 그 시절을 그리고 지금의 모습과 미래의 모습을 그려보니 얼굴에 자그마한 미소가 흐르는 것이 이수진, 정말 소중한 사람들 속에서 잘하고 있구나 하는 생각을 하게 된다.

나의 소중한 사람들아, 그대들이 있어서 오늘처럼 마음이 사뭇 어지러운 날에도 힘을 낼 수가 있다. 어려운 시기 잘 참고 좋은 거름이 돼준 선화 씨 고마워. 항상 미안한 마음이 제일 먼저 드는 사람인데 그것만큼 잘 대해주지 못한 것 같아.

어디에서든 처음 회사를 입사했을 때의 웃음을 간직한다면 정말

복덩이가 될 것이야. 어려운 시기, 어지러운 시간 속에 정렬되지 않은 회사에 들어와 아파트 시절부터 기량을 보여준 유 팀장. 그때 그 라면을 점심으로 먹고 시작하던 모습이 언제나 그리운데 인연이라는 것이 참 좋은 것인가 봐. 가끔은 새침데기 같지만 항상 자리에서 묵묵히 열심히 해줘서 고마워.

구본길 이 괴물아~ 나의 마음속에는 항상 구본길 팀장은 괴물로 자리잡고 있다. 열정으로 뜨거운 마음이 쉽게 타버리고 말까 노심초사했는데 오래도록 타는 진정한 장작 같은 사람. 그래서 나는 그대를 보면 얼굴에 미소부터 짓게 된다.

친구인 재경이에게 소개를 받고 인연이 된 종규. 정말 헌신적으로 개발하고 언제나 오케이 사인을 보내서 좋은 종규. 긍정적인 마인드가 항상 보기 좋고 의리가 있어 좋은 인연으로 끝까지 남고 싶은 종규. 내가 AB형에게는 징크스가 있는데 그 징크스를 깨게 해준 장본인. 앞으로도 그렇게 좋은 인연 만들어가자.

턱수염 때문에 첫인상이 별로였던 재원이. 사실 생각하던 그림이 나오지 않아서 면접 겸 식사를 두 번 이상 했지. 하지만 열정이 살아 있고 마음으로 야놀자를 사랑하는 그대의 모습에 내가 반해버렸네. 첫인상과는 다르게 부드럽고 차분하고 남을 배려해주는 모습이 보기 좋구먼. 선의의 라이벌이자 동반자인 본길 팀장과 한번 멋지게 야놀자를 이끌어보라고. 기대하리다.

까불이, 투덜이 같던 찬진이. 어느덧 회사생활에 점점 익숙해지고 할 일에 대해 흥미를 느끼고 일 처리가 날로 성장해 때때로는 놀라게 하는 찬진이. 투덜대는 것 같지만 알게 모르게 묵묵히 할 일을 하고, 또 남의 일까지 하나둘 챙겨줄 줄 아는 찬진에게 고맙다.

항상 있는 듯 없는 듯 조용하지만 묵묵히 그 자리에서 섬세하게 일을 정확히 처리해주는 명순 씨. 어떤 일이든 맡기고 나면 '잘했겠지.'라고 마음이 든든해지는 명순 씨. 일명 예림. 항상 지금처럼 변하지 않는 마음으로 소중한 사람이 돼주길…….

제일 만만한 소현 씨. 면접 때 껌과 전화기 등으로 딱 찍혀버린 소현 씨. 되레 내가 눈치를 봐야 했나? 긍정적인 사고방식과 고향 동생 같은 친근함이 묻어나는 사람이라 항상 소현 씨만 보면 마음이 푸근해지니 좋소.

내 앞에서만 조용한 희정 씨. 디자인을 아는 여자. 그렇기에 소중한 사람인 희정 씨. 처음 일에 조직성과 일관성이 없다고 야놀자에서 남을까 말까를 많이 고민했는데 좋은 결정 해주고 이렇게 야놀자의 소중한 사람이 돼주어서 고맙구려. 웃는 모습이 더 이쁘고 아름다우니 앞으로도 웃는 얼굴 많이 보여주길.

2007. 08. 30. 01:03

처음부터 빠르고 쉽게가 아닌 정도를 걷자

빠르게 가려고 악하게 마음을 먹는다든지, 쉽게 가려고 남에게 거짓을 말한다든지, 스스로의 변명 속에 자신의 마음마저 훔친다든지, 결국 화살이 돼 돌아오는 것이 마음인 듯하다. '정도正道'는 과연 무엇일까? 내 마음에 '정도'가 있는 것일까? 때때로 혼탁해지는, 조급해지는, 언성이 높아지는 마음을 볼 때면 기준을 바로 보고 가기가, 방향키를 잘 잡고 가기가 쉽지 않을 때가 있다.

하나둘 시간을 빼앗기고 결전의 날은 다가오는 듯한데 정돈되지 않는 모습이다. 이런 모습이 허점이 돼 다른 이에게 절호의 찬스가 되고 말 것 같은 기분이 들 때가 있다. 내 마음을 가볍게 만들고 내 몸을 가볍게 만들고 내 욕구를 가볍게 만들어 마음의 '정도'를 지킬 때 오래도록 편안할 것이다.

작은 회사 경영. 쉽게만 여겨지던 것이 시간이 흐를수록, 더욱 커져갈수록 마음은 더욱 무겁고 어렵게 느껴진다. 어린아이가 점차 커가는 과정에 경험해야 하는 시험의 연속인 듯하다. 하지만 결론은 성장할 것이고 그것이 잠시 멈칫한다 해도 그것이 멈춤은 아니라는 것을 확신한다. 마음속에 내가 가고자 하는 길이 있다면, 그것에 대해 다시 생각하고 또 생각한다면 언젠가는 이루어질 것이다.

2007. 12. 20. 19:47

그 문제들이 내가 살아가야 할 이유이다

회사를 운영하다 보니 늘 문제에 부딪힌다. 살면서도 마찬가지일 것이다. 산다는 것 자체가 곧 문제와 직면하고 그것을 해결하기 위해 노력하는 과정 아니겠는가? 나 역시 어릴 때부터 많은 문제에 부딪히며 살아왔고 회사 사장이 되고 나서는 더욱더 해결하지 않으면 안 되는 것들이 항상 생각과 행동을 붙잡는다. 언제나 지금 당장 해결해야 할 것들과 앞으로 방향성을 잡아서 해결해야 할 것들이 산적해 있다.

그것들을 어떤 식으로든 결정하고 가야 하는 자리에 있다 보니 늘 머릿속에선 유리한 면과 불리한 면을 분석하고 해결방안과 포기해야만 하는 상황을 판단하느라 여념 없다. 사장이라는 자리가 끊임없는 분석과 판단에 스스로를 노출시키고 단련시킨다. 그럼에도 실상 내가 결정하는 것이나 문제를 해결하는 것이 전부 정답이 될 수 없고 때로는 실패한 결정이나 문제가 있는 답을 내놓기도 한다.

회사가 작을 때는 지금 당장 직면한 문제를 풀지 않으면 앞으로 나아갈 방향 자체가 존재하지 않았다. 어떤 식으로든 풀어야 했고 그러다 보니 빠르게 풀리는 문제가 다수였다. 빠르게 꼬였지만 사람이 하는 일이다 보니 풀려고 마음만 먹으면 풀 수 있는 과제들이 많았다. 즉 지나고 보니 문제의 난이도가 그리 높지 않았다는 뜻이다. 물론 그 당시로서는 그 정도 수준의 문제조차도 버거운 상대였고 최선을 다하지 않으면 풀지 못하는 상황이었다. 다만 지나고 보니 그때는 우리가 조금만 노력하면 풀 수 있는 정도의 수준이라 한 단계를 넘어설 때마다 그만큼 레벨업이 돼갔다.

문제는 회사가 점점 커지면서 수많은 문제점이 동시다발적으로 나타났다는 것이다. 사람문제, 기술문제, 자금문제, 시장의 변화, 기술력의 급변, 정치적 문제……. 다양한 분야의 문제들이 한꺼번에 쏟아졌다. 어떤 것은 장기적으로 풀어야 할 숙제로 남고 어떤 것은 당장 풀지 않으면 안 되는 문제 등으로 나뉘어 회사의 능력을 시험하곤 한다. 문제의 해결방안을 고민할 때 척도는 다양하다. 그러나 나는 단 한 가지로 요약해 생각하곤 한다.

우리의 미래 가치에 어떤 영향을 줄 것인가. 지금 당장 유리하더라도 결국 미래에 손해를 끼칠 수 있다면 해서는 안 된다는 것을 인식해야 한다. 당장 유리한 쪽을 선택하면 당장은 쉽게 갈 수 있을지 몰라도 미래에는 더 큰 문제로 발생하는 악순환이 생길 수 있기 때문이다. 당장 유리한 것을 포기해야 하는 순간은 너무도 힘든 구간이고 사람이라면 쉽게 포기할 수 없는 부분이기도 하다. 개인이라면 아마도 지금의 유리한 국면을 더욱 유리한 쪽으로 가져가기 위해 노력할 것이다. 하지만 회사는 개인의 것이 아니다.

회사는 구성원들과 같이 존재할 때 비로소 그 힘의 크기가 제대로 발휘될 수 있기에 당장의 것보다는 구성원들의 미래 가치에 중점을 두어야 한다고 생각했다. 물론 회사가 하루 벌어 하루 먹고 살기 어려울 때는 미래의 것보다 우선시돼야 하는 것이 생존이다. 당장 생존하지 못하면 미래는 어차피 없기 때문이다. 생존 전략이 어느 정도 완성이 된 후에야 미래를 논할 수 있다. 그리고 미래를 논한다는 것은 생존 전략적 측면에서 우선으로 살아남았다는 증거일 것이다.

문제의 해결방안을 미래에 두라 했다. 하지만 말처럼 그리 쉽겠는가? 그렇다면야 누구나 다 문제 인식과 풀이에 레벨업돼 성공했겠지만 실상 문제에 닥치면 머리가 멍해지거나 한쪽으로 치우친 생각으로 무슨 문제인지 정확히 파악하려 하지 않고 '왜 나에게 이런 불행이 찾아왔는가? 문제가 너무 어렵다. 이건 도저히 내가 할 수 없는 상황이 아닌가? 이건 내가 만든 것이 아니라 누구의 잘못으로 이뤄진 것이다.'라는 등 수많은 변명으로 문제 회피를 위해 노력한다.

어찌 보면 당연한 상황이다. 사람의 의지가 강해봐야 얼마나 강하겠는가? 어릴 때 넘어지면 아프지 않아도 빨간 핏방울을 보는 순간 울음부터 나오지 않았던가? 손가락에 가시 하나가 박혀 있어도 살아가는 데 지장은 없다. 하지만 그 얼마나 신경쓰이고 가시 박힌 손가락이 불편하고 아팠던가? 사람의 의지력을 끝없이 실험하는 것이야말로 어쩌면 신이 주신 '사장의 일'인지도 모른다. 수없이 많은 것 속에서 문제가 무엇인지 해석해야 하고 생각해야 한다. 그렇지 않으면 되레 금방 사업의 방향성에 대해 벌이 주어지니 노력을 안 할 수 없는 위치로 자연스럽게 만들어버린다.

나의 경우, 사업하면서 온라인 서비스가 문제의 발단이 됐다. 그 문제는 웹페이지와 모바일 앱 개발, 회원들의 동향 및 니즈, 그리고 거래처의 동향으로 확대됐다. 그리고 그 확대 과정에서 결국 내부 사원들 간의 소통에도 직접적인 영향을 주었다. 결국 우리가 느낄 수 있는 체감적 문제로 확산돼 나에게 문제 해결책을 빨리 내놓으라 압박하기에 이르렀다. 하나를 해결한다고 없어지는 것이 아니라 하나를 해결하면 더 많은 문제가 쏟아지기 시작했다. 시간이 지나 이제야 조금 깨닫는다. 문제가 많다는 것은 잘못됐다는 의미가 아니다. 잘 돌아가고 있고 미래 가치가 있다는 의미와도 같다.

아무것도 안 하고 집에 가만히 있으면 한 끼 한 끼 때우는 문제만 해결하고 살면 된다. 하지만 먹고살기 위해 행동하는 순간 수많은 문제가 발생한다. 우리는 그것을 너무도 쉽게 해결하기도 한다. 해결된 것은 더 이상 문제가 아니라 또 하나의 일상과 문화가 돼버린다. 하지만 해결된 문제도 결국 시간의 흐름에 따라 변화해 나를 가만히 놔두지 않고 또 다른 문제를 던져준다. 결혼 전에는 결혼만 하고 나면 더 이상의 문제가 없을 것 같다. 하지만 결혼하고 나면 양가 문제, 양육문제, 거주문제 등 수도 없이 많은 것이 또 파생돼 해결해야 할 것들로 자리잡는 것과 마찬가지다.

그렇기에 문제가 많다는 것은 그것을 잘 해결만 하면 발전한다는 것이고 그것을 해결하고 발전하고 나면 더 많은 문제가 나를 기다리고 있다는 이야기다. 하지만 그것이 싫다고 가만히 인생을 허비할 수는 없는 일 아닌가? 우리가 적극적으로 대처하고 그것에 대해 즐길 때 비로소 자기 자신에 대한 신념과 주체적 성향이 생기며 성취감이 생겨 더욱 인생을 아름답게 풀 수 있는 용기와 진리가 생긴다.

우리는 항상 수많은 문제 앞에 서 있다. 회피하려 하지 말고 무엇이 그것을 미래 가치로 바꿀 수 있는가를 자세히 살피고 행할 때 적어도 성장할 수 있다. 내가 사장직에 있는 한, 또한 사장직에 있지 않더라도, 내 삶에 얼마나 많은 문제를 해결해야 하고 제시해야 하고 풀어야 할 것인가를 고민한다. 내게 문제들이 두려운 존재가 아니라 내가 할 일이 있다는 즐거움의 대상이 되길 희망한다. 결국 그 문제들이 내가 살아가는 이유라는 것을 잊지 않기 바란다.

모두가 다 성공할 수 있는 것은 아니다

누구나 다 하고 싶어하는 것이 성공 아닐까? 20대 시절을 뒤돌아보면 "꼭 성공했으면 좋겠다."라는 말을 늘 중얼거렸다. 그만큼 언제나 성공을 생각했다. 그랬기 때문인지 지금은 20대보다는 더욱 현명하게 생각하고 그때보다 더 미래를 개척할 수 있는 위치에 섰다. 그러고 보면 나의 젊은 날은 성공이라 말할 수 있을 듯하다.

누구나 다 꿈꾸는 성공. 그러나 모두가 다 성공할 수 있는 것은 아니다. 그 이유는 무엇일까? 어제 직원 한 명이 찾아왔다. 결혼 날짜를 잡고 상견례를 하기로 했단다. 그런데 하루 전날에 상대방이 확신이 서지 않는다고 파혼을 말해 상견례도 못 하고 좌절했다는 것이다. 마치 내 어린 날의 상황을 보는 듯한 심정이었다. 젊은 시절엔 나 역시 가진 것이 없었다. 이래저래 현실이라는 것에 치이고 살았던 날들이 문득 생각이 나서 안타까운 마음이 많이 들었다.

이야기를 듣는 나야 안타까운 마음이 들더라도 당사자 본인은 언제까지 좌절하고 있을 수만은 없지 않나? 이 상황에서 그 직원은 어떻게 해야 하는가? 확신을 가진 사람으로 변해야 하지 않을까? 그 친구가 현실적이지 않은 친구도 아니고 성격이 모난 친구도 아니다. 그렇다고 성실하지 않은 친구도 아니다. 그런데 당장의 경제력을 기준으로 제대로 평가받지 못한다면 더욱더 본인 스스로 확신을 줄 수 있는 사람이 돼야 하지 않겠는가.

그렇다면 과연 나처럼 맨주먹으로 시작해야 하는 사람들은 어떻게 '확신'을 가질 수 있고 '성공'이란 것을 쥘 수 있을까? 오늘을 노력해서 당장 내일 성공을 이루겠다는 것은 어불성설이다. 지나고 보니 지난날들 속에는 다양한 모습의 내가 존재했다. 그것들이 모이고 모여서 오늘의 내가 만들어지게 된 듯하다. 오늘 노력해서 내일 답이 나오는 것이 아니다. 무수히 많은 오늘 속에서 자기 자신과 싸워나가야 한다. 자신과 싸워 이기는 것은 매우 어려운 일이다. 남들에게는 "안 된다." "틀리다."라는 말이 쉽게 입에서 툭툭 튀어나오는데 자신에게는 "안 된다." "틀린 일이다." "하지 말아야 한다."라는 말을 하기가 쉽지 않다. 평범한 우리에게 스스로 자제하고 행동을 제어하는 것은 힘든 일이지만 그것이 가능해질 때 비로소 자신과의 싸움에서 이기게 되는 듯하다.

당장 성공은 세상 그 어디에서도 쉽지 않은 일이다. 성공을 위해서는 준비해야 한다. 공부를 잘하는 학생은 공부를 그냥 잘하는 것이 아니다. 운동을 잘하는 선수는 타고난 재능만으로 운동을 잘하는 것이 아니다. 그에 따른 노력이 필요하다. 성공도 마찬가지이다. "나는 성공할 거야. 꼭 성공할 거야."라고 다짐하면서도 매일같이 하는 행동이 그와 반대라면, 혹은 누구나 다 하는 일반적이고 평범한 노력이라면 과연 성공할 가능성이 얼마나 될까?

그 친구에게 내가 어린 날 생각하던 것을 말해주고 싶었다. 확신을 품고 당당하게 하루하루를 살아가라고. 오늘 하루가 내일을 바꾸게 하는 마술을 일으킬 수는 없지만 오늘 하루를 단 5퍼센트만 바꾼 마음으로 살아도 1년, 5년, 10년이 모이면 아마도 1년의 5퍼센트, 10년의 5퍼센트는 성공한 시간이 될 것이라고. 50퍼센트를 바꾼 마음으로 살고 노력한다면 10년 중의 50퍼센트는 성공을 위한 시간이 될 것이고, 그 정도로 노력한다면 아마도 그때는 이미 성공을 거둔 사람이 돼 있을 것이라고 확신한다.

성공을 위해서는 몇 가지 조건이 존재하는 것 같다. 그 첫째는 '지속 생각'이다. 즉 나 스스로가 세뇌될 정도로 성공에 대해 생각하고 또 생각하는 것이다. 내 행동이 자연스럽게 내 생각을 따를 수 있도록 생각을 먼저 컨트롤해야 한다. 의식적으로라도 '지속 생각'을 하면 무의식중에도 생각하게 된다. 어릴 때 선생님께 시골에서 국회의원이 되는 방법을 들은 적이 있다. 사람들을 볼 때마다 인사를 하고 사람들이 볼 때마다 쓰레기를 줍고 다니면 국회의원이 된다는 것이다. 그렇게 10년이고 20년이고 하면 어느새 시골에서는 '인사성 밝은 사람' '헌신하는 사람'으로 여겨진다는 것이다. 처음에는 가식으로 행하더라도 지속적으로 하다 보면 습관이 되고 몸에 배 그것이 힘든 일인지 모르고 당연한 일이 된다. 삶 자체가 그렇게 하지 않으면 자신이 아닌 것처럼 느껴진다는 것이다.

처음은 어렵지만 하다 보면 어느새 내가 인사하기 전에 사람들이 나를 알아보고 인사해주고 내가 줍기 전에 버리지 않으려 애를 써 그 공이 스스로에게 돌아올 수 있다는 이야기다. 어릴 때는 그 말씀이 무엇인지 몰랐다. 세상 위에 홀로 서야 하고 누구의 책임도 아닌, 내 책임과 내 의무로 살아가야 하는 나이가 되니 그 말씀이 나를 항상 자극한다. 처음 신발을 사서 신을 땐 내 것이 아닌 것처럼 느껴지고 불편하지만 조금 신고 다니다 보면 나의 발에 딱 맞고 편한 것처럼 세상 이치가 그러한 듯하다.

두 번째 조건은 마음이다. 적을 두어서는 성공할 수가 없는 듯하다. 나를 바르게 하고 남들과 어울릴 수 있는 사람이 되어야만 한다. 그래야 내가 어렵거나 기회가 왔을 때 돕는 사람들이 많아지고 좋은 사람들이 내 주변에 있게 된다. 아무리 내가 성공하겠다는 신념이 강해도 마음씀씀이가 악하면 주변에 사람이 모이지 않게 된다. 세상의 모든 일이 다 사람이 하는 일이라고 하는데 주변에 사람도 없이 어찌 성공할 것인가? 아무리 좋은 기술이 있고 아무리 훌륭한 능력을 지녔다고 한들 어울림이 없는 성공은 외롭고 오래 지속되지 못하리라 생각한다.

리더에는 용장勇將, 지장智將, 덕장德將이 있는데 그중에 가장 으뜸이 덕장이라 한다. 나는 여기에 더해 '인장'이라는 말을 많이 쓴다. 용감한 사람, 똑똑한 사람, 덕 있는 사람들과 다 같이 공존하면서 살고 있으니 나는 사람 인人자를 쓴 '인장人將', 즉 사람이 있는 리더라 스스로를 부르고 싶다. 마음을 바로 써야 마음의 전파가 쉽고 같이 할 수 있는 일들이 많아진다. 어려울 땐 한결같이 합동해 도와주고 기쁠 땐 같이 기뻐해 널리 퍼지게 하니 더 많은 일을 할 수 있고 더 많은 관심을 받을 수 있다. 사람은 결국 성공의 여건을 만드는 초석이 된다.

세 번째는 의지다. 하겠다는 의지. 어느 상황에서든 할 수 있다는 의지가 필요하다. 성공에 관한 생각과 타인에 대한 마음씀이 있어도 결국 내 스스로의 의지가 존재하지 않는다면 무엇으로 행하고 무엇으로 위기와 슬럼프를 버티고 앞으로 나아갈 것인가? 남들보다 더 노력한 만큼 성공의 씨앗이 자라난다. 그런데 요즘 세대에게 '남들보다 더'라는 말은 큰 부담으로 느껴지는 듯하다. 남들도 전부 전투적으로 살고 있는데 내가 감히 '남보다 더 할 수 있는가?'라는 의구심이 들 것이다. 하지만 현실을 객관적으로 봐야 한다. 정말로 우리는 하루하루를 의미 있게 보내고 있는가? 의지 부족에 대한 핑계를 대는 것은 아닌가? 내일이 아니라 오늘 해야 한다는 의지가 모여서 10년 뒤 인생을 바꿔놓을 밑거름이 된다. 나는 내 경험을 통해 당당히 말할 수 있다.

마지막으로 네 번째는 돈에 대한 바른 이해다. 돈에 대한 관념은 매우 중요하다. 성공의 목표는 돈이 될 수 없다. 다만 목적을 달성하는 수단이라고 말할 수 있는데 스포츠 선수든, 기업가든, 자영업자든, 예술가든, 방송인이든, 결국 돈의 크기를 기준으로 자신의 위치와 성공의 정도를 말하는 것이 요즘 현실이다. '왜 돈의 크기가 중요한지'에 대한 올바른 관념을 지녀야 한다. 돈의 크기를 목표로 두어서는 안 된다. 그건 돈의 노예가 된다는 의미일 것이다.

다만 성장에 대한 기준을 알아야 하는데 현실적인 기준은 바로 내가 받을 수 있는 돈의 크기라는 점을 분명히 알자. 또한 돈의 크기만큼 할 수 있는 것들이 많아진다. 돈이 많은 것이 중요한 것이 아니라 돈을 많이 가지면 행할 수 있는 일이 폭넓어진다는 사실이 중요한 것이다. 즉 돈은 삶을 자신에게 유리하게 하고 하고 싶은 일을 할 수 있게 만드는 수단이라는 사실을 알아야 한다. 돈이 목표가 돼서는 절대 돈을 쉽게 벌지 못할 것이다. 하지만 '얼마만큼의 돈'은 '어떤 일을 할 수 있다.'라는 관점에서 생각하고 행동한다면 돈을 사용하는 방법을 터득할 수 있고 좀 더 많은 기회를 얻을 것이다. 돈을 버는 것만큼이나 얼마나 잘 쓰느냐는 중요한 부분이다. 돈에 대한 올바른 관념 없이 이룬 성공은 허세에 불과하다는 생각이 든다.

결국 성공은 어느 누가 나에게 주는 것이 아니라 스스로가 생각하고 행하고 만드는 것이다. 누구도 대신해줄 수 있는 것이 아니라는 뜻이다. 어느 누가 대신해줄 수 없는 것을 본인이 미룬다면, 생각하지 않고 행하지 않는다면 절대 성공은 자신의 것이 될 수 없을 것이다.

2008년 창업 4년 차

목표를 구체적으로 세워 반드시 달성해보자

새해가 되면 흔히 목표를 세운다. 연초엔 목표를 달성하는 기간이 매우 긴 듯 여유로움을 갖지만, 전년도 회사 매출을 보면 시간이 많지 않다는 걸 알 수 있다. 한 달에 200만 원씩만 더 매출을 올렸더라면 목표 매출에 도달했을 텐데……. 2007년 매출도 이런 아쉬움을 남겼다.

목표, 목표 매출, 성과금……. 우리는 현실이라는 시험대 위에서 살아가고 있으며 많은 기준을 가지고 평가받는다. 그리고 성취했을 때 비로소 '인정'을 받게 된다. 어렸을 적 방학 숙제를 생각해본다. 방학 기간 내내 놀다가 개학을 며칠 앞두고 정신없이 밀린 숙제를 하려고 하면 마음이 급하고 무거워진다. 때로는 그 무게 때문에 할 수 있는 숙제도 너무 쉽게 포기하기도 한다. 역으로 방학하자마자 숙제를 한꺼번에 다 해버렸더라면 방학 기간 내내 더욱더 홀가분하게 놀 수 있었을 것이다.

이번 해는 작년의 2배가 넘게 매출 20억 원을 목표로 삼았다. 물론 1차 목표 매출이 16억 원이긴 하지만 그것은 생각하지 말자. 20억 원을 달성하기 위해 구체적으로 매출 분석을 하고 방법을 찾아야 한다. 20억 원을 12개월 동안 나눈다고 하면 20억 원 달성이 어려울 것 같다. 20억을 11개월로 나누고 1개월은 여유롭게 쉴 수 있는 한 해가 됐으면 좋겠다.

그렇다면 20억 원 목표를 달성하기 위해 한 달 동안 달성해야 하는 평균 매출은 1억 8,000만 원이다. 분기별로 계산하면 5억 4,000만 원이다. 무엇으로 분기마다 5억 4,000만 원을 달성할지 빠르게 판단하고 면밀하게 계획을 수립해야 할 것이다. 목표라는 것이 희망 사항으로 그치지 않도록 해야 한다. 그래야 다음 목표가 더욱 강력해지고 확실해진다.

2007년 목표 달성 실패의 아쉬움을 교훈 삼아 2008년에는 같은 아쉬움을 남기지 않았으면 한다. 매출 20억 달성에 50만 명 회원 가입이 2008년의 목표이다. 50만 명 달성을 위해선 앞으로 41만 명을 가입시켜야 한다. 올해 남아 있는 359일 동안 하루에 1,142명을 가입시켜야 한다. 그 회원을 가입시킬 수 있는 답을 찾아야 한다.

오늘 가입시키지 못한 회원은 다음 날의 짐이 될 것이다. 20억 원을 달성하기 위해서는 매달 1억 8,000만 원의 매출을 올려야 하며 하루 600만 원의 매출을 올려야 가능한 일이 된다. 어떻게 600만 원의 매출을 올릴 수 있는지 방법을 찾지 못하면 목표는 그저 허황된 망상일 것이다.

목표를 세웠다면 결코 그것을 가볍게 생각해서는 안 된다. 말했다면 결코 그것을 깨뜨리지 않는 방법을 찾아야 한다. 그것이 성공의 가장 기본이 될 것이다.

2008. 01. 07. 01:04

처음과 같은 마음과 행동이 존재해야 한다

하나가 없으면 열이 존재할 수 없다. 적자로 시작한 회사가 3년이라는 시간이 흐르면서 차츰 본 모습을 찾아가고 있다. 하지만 지금 다시 또 다른 하나를 만들어야 열이 존재할 수 있듯이 과거의 모습들 속에서 미래의 발전상을 만들 수 있기를 바란다. 마음먹은 것을 시작하는 것은 성공에서 가장 중요한 부분을 이루어낸 것이고 그것이 온전한 성공으로 가기 위해서는 처음과 같은 마음과 행동이 존재해야만 가능한 일이다.

2008. 02. 12. 08:51

시작할 때 생각을 끝까지 밀고 나가야 한다

시작할 때의 생각과 그 의미가 아무리 좋아도 지속성이 없다면 미래에 남는 것은 그것에 관한 아쉬움과 게으름뿐일 것이다. 시작했으면 끝까지 밀고 나가는 것이 원칙임을 잊지 말자. 끝없이 생각하고 또 생각하며 밀고 나가면 그것은 언젠가는 현실이 돼 돌아온다는 사실을 너무도 잘 알고 있기에 다시 한번 믿고 작은 것 하나부터 나에게 행동으로 옮길 수 있는 상황을 만들자.

2008. 02. 14. 11:40

구름 위에서 상상하는 것들을 이루고 싶다

잠시 현실을 잊고 구름 위를 둥둥 떠다닐 때가 있다. 구름 위에서 상상하는 것들은 현실에선 이루어지지 않은 것들이다. 그것이 바로 재미이기도 하다. 간혹 온전하지 않은, 또 이루어지지 않은 것들을 현실에서 만들어가야 한다는 것이 힘들고 하기 싫을 때도 있다. 하지만 나는 포기만 하지 않는다면 상상을 현실로 만들 수 있다는 것을 너무도 잘 안다. 그러기에 나는 오늘도 달린다.

나는 한가함이나 여유로움보다는 복잡함과 빠름으로 움직여야만 했다. 그 모습에 익숙해진 듯 이제는 즐기기마저 한다. 구름 위에서 망상가가 될 것인가? 정말로 구름 위에 누워 쉴 수 있는 자가 될 것인가? 그 누구도 아닌 자신에게 달려 있다는 것쯤은 너무도 잘 알고 있다. 그러기에 오늘도 달린다.

2008. 03. 25.

진정한 부자가 하는 일은 생각과 관찰이다

나의 강점 중 가장 핵심은 무엇일까? 아마도 그건 '생각하기'와 '상상하기'일 것이다. 무엇으로 여기까지 올 수 있었을까? 뒤돌아보면 결국 '미래에 대한 갈망'에서 시작한 '생각하기'가 나의 성장의 원동력이다. 그만큼 생각하기는 중요하다. 나를 바꾸는 가장 중요한 시작점이 되기 때문이다. 누구도 나를 바꿀 수 없다. 하지만 스스로의 다짐과 스스로의 머릿속 이익에 따라 자신들의 행동이나 말이 달라지는 것이 우리의 기본적 성향 아닌가. 그러니 생각이란 것은 나를 좌지우지하는 힘의 원천이고 행동의 기준이다.

나는 사업을 시작하기 훨씬 전부터 많은 상상을 했다. 가난했던 청소년기에는 부자가 되는 상상, 대학 시절에는 장학금을 받아야 하니 장학금을 받는 상상, 학교 다닐 때는 돈벌이를 해야 하니 군대 입대 대신 병역특례를 받는 상상. 상상은 결과로 이어졌다. 청소년기에는 빨리 돈을 벌기 위해 기술을 배웠다. 고등학교 때 기술을 배우니 그 계통의 대학교에 가게 됐다. 이미 기술을 배웠기에 남들보다 빠르게 대학 생활에 적응해 장학금을 받고 다녔다. 그리고 그 기술력과 성적으로 하늘의 별 따기만큼이나 어렵던 방위산업체에 병역특례로 입사해 사회에서 돈을 벌며 군 복무를 했다. 방위산업체에서 근무하다 보니 근로자로서의 한계를 느꼈다. 나는 상상을 멈추지 않았다. 돈을 잘 벌 방법을 생각하고 또 생각했다.

군 복무가 끝나고 주식투자와 경매라는 것에 몰두했고 결국 종잣돈을 모아야 하는 상황이 돼 몸은 고되더라도 숙식이 제공되고 급여 수준이 높은 모텔에서 청소일을 시작했다. 일이 힘들었지만 돈은 벌 수 있었다. 하지만 자기 생활 없이 1년 365일을 일해야 하는 생활은 나의 젊음과 청춘을 멋도 부리지 못하는 한정된 삶으로 만들었다. 그래서 나는 직접 몸으로 일하지 않아도 돈을 벌 수 있는 시스템을 찾고자 노력했다. 그로 인해 지금의 야놀자가 탄생한 것이라 할 수 있다. 머리로만 일해도 되는 상황, 내가 출근하지 않아도 급여 통장에 급여가 들어오는 상황을 상상했다. 20대 초반에 읽은 『부자 아빠 가난한 아빠』라는 책에는 스스로가 일하지 않고도 자기 통장에 돈이 지속적으로 쌓이는 구조를 만들어야 진정한 부자라 칭할 수 있다는 내용이 있다. 그 진정한 부자가 해야 하는 것은 결국 '생각'과 '관찰'이다. 일을 몸으로 하는 것이 아니라 머리로 해야 한다는 것을 의미할 것이다.

나에게 생각하기란 참으로 독특하고 매력 있는 일이다. 어떤 이는 조금만 생각해도 귀찮다고 한다. 어떤 일에 대해 이건 도저히 생각하기도 싫다며 생각을 미루기도 한다. 그런데 생각을 미루다 보면 습관이 되고 결국 자신에게 유리하게 다가올 수 있는 상황을 불리하게 만든다. 스스로 인생을 역행시키는 결과를 가져오기도 한다. 그래서 생각이 중요하다. 많이 생각한 사람일수록 다양한 방면으로 의견을 제시할 수 있다. 또한 문제가 생겼을 때 그것에 빠르게 대처해 나갈 수 있다. 많은 생각을 한 이가 모든 상황에서 유리한 고지를 점하는 것은 당연한 결과이다.

나는 머리가 좋지는 않다. 설사 머리가 좋다고 할지라도 공부에 그 머리를 쓰지 못해 요즘 스타트업을 하는 많은 사람과 비교하면 학벌도 한없이 짧다. 요즘의 스타트업 창업자들을 보면 한결같이 스펙이나 배움의 정도가 매우 높다. 나는 그들이 부럽다. 그들의 학벌이 부럽다는 것이 아니다. 그들과 이야기를 나누다 보면 나도 모르게 매료되고 어떻게 저런 상상을 했을까 하는 호기심도 갖게 된다. 나는 몸으로 부딪치며 배웠는데 그들은 더 큰 상상력과 더 큰 생각을 즐기며 일을 하는구나 싶어 은근히 부럽기도 하다는 이야기다.

요즘은 워낙 많은 책에서 왜 상상하는 것이 중요하고 또 어떻게 상상해야 하는지에 대해 설명이 잘 돼 있다. 청춘들도 그것에 대해 이미 많이 알고 있다. 그래서 상상하기에 관해 이야기하면 "나도 알아요. 일반적인 이야기잖아요."라고 할지도 모르겠다. 하지만 아무리 일반적인 이야기라고 해도, 이미 다 아는 내용이라 해도 결국은 실천이 가장 중요한 것이라고 말해주고 싶다. 좋다고 알고 있는 것과 실제로 실천하는 것은 전혀 다른 문제이다.

많은 상상과 많은 생각은 현실을 바꿀 수 있는 중요한 열쇠다. 인생을 좌지우지할 수 있는 첫 단추이면서 자기 자신을 변화시킬 수 있는 유일한 방법이기도 하다. 나는 사업을 하면서 직접 느끼고 나서야 알았다. 그런데 요즘 젊은 스타트업들은 그것을 먼저 알고 시작하는 것 같다. 그들이 시간을 아껴 시작하는 만큼 나는 더욱 많은 상상을 해야만 세상에서 살아남고 성장해나갈 길을 찾을 수 있지 않을까 한다. 사회에서 나보다 많이 배운 사람들과의 경쟁은 필연적이다. 기업도 마찬가지다. 나는 지식의 차이를 극복하고 경쟁에서 이기기 위해 끝없이 생각한다.

내가 가장 잘할 수 있는 미래에 대한 상상, 현실에 관한 생각 정리, 그리고 과거로부터 얻었던 결과물을 조합하는 과정을 반복한다. 나의 머릿속은 매일매일 이런 생각들로 전쟁을 치른다. 이것이 나의 일과다. 내가 만약 생각을 멈춘다면 나의 존재가치는 어떻게 변할까? 야놀자의 리더라는 자리는 없어질 것이고 나머지 나의 인생에도 막중한 타격이 될 것이다. 내가 남들보다 잘할 수 있는 것은 야놀자에 대한 상상이다. 일반적인 사회생활이나 다른 회사에 대한 상상은 나도 잘하지 못한다. 내가 가장 잘할 수 있는 일을 하고 있다는 것은 큰 복이다. 또 그로 인해 먹고살고 또 함께 삶을 영위해 나갈 수 있다는 것은 정말 소중한 가치이다.

'상상 그 이상이 펼쳐진다.'라는 CF 카피 문구가 떠오른다. 난 그것이 바로 현실이라고 말하고 싶다. 상상하고 생각하는 것을 게을리하지 않으면 언젠가는 그것이 현실이 되고 스스로 그 현실의 주인공이 될 수 있다. 취업난과 경제난이 심각하다. 자괴감에 빠지기 쉬운 힘든 시절이다. 수많은 어려움 속에서 살아가는 것이 우리의 인생사같지만 결국 그런 와중에도 시간은 흐른다. 그 시간의 흐름 속에서 비관적 생각을 많이 하면 더욱 힘들어지는 삶이 기다릴 것이다. 반면 그 시간의 흐름 속에서 좀 더 유쾌하게 가고자 하는 길을 명확하고 긍정적으로 생각한다면 한 발자국이라도 전진하는 결과를 만들어낼 것이다.

어려운 시절부터 상상하며 상상이 현실로 다가오는 것을 경험한 경험자로서 감히 말하고 싶다. 상상하고 생각하는 습관을 지녀야 한다. 어려울 때일수록 더욱 큰 미래와 가치 있는 생각을 함으로써 어려움을 단절시키려는 노력을 지속적으로 해야 한다. 우리는 상상이 현실이 되는 시기에 살고 있다. 상상은 하루아침에 이루어지지는 않지만 1년, 5년, 10년 반복되는 생각을 거듭하면 반드시 이루어질 수밖에 없다. 검증된 공식을 믿어라. 결국 지금보다 더 좋은 미래의 시작은 상상하고 생각하는 것에서 시작된다.

세상을 작은 창으로 보고 판단하지 말자

문득 나는 무엇을 하고 있는가 반문하게 된다. 작은 창으로 비치는 세상을 보고 그것이 세상의 전부라고 착각하며 살아가는 건 아닌가 싶다. 나에게 세상이란 존재는 무엇인가. 그 세상 속에서 나라는 존재는 무엇인가. 내가 생각하는 세상과 세상이 나를 보는 시각은 어떻게 다를 것인가. 작게만 아주 작게만 생각하던 것들 속에 세상을 보는 방법을 잊은 것은 아닌가 다시 한번 생각해보자.

2008. 04. 28. 12:01

2058년에서 역산해서 인생을 계산한다

지금을 살아가는 것에 급급해 혹은 지금의 이 순간이 영원할 것이라는 어리석음에 빠져 미래 준비를 소홀히 하는 것은 아닌가. 혹은 미래의 모습보다는 현재의 모습에 안주하는 삶을 사는 것은 아닌가.

2058년도면 내 나이 여든두 살이 된다. 죽을 준비를 하고 있을 것이다. 혹은 죽었던가. 2058년에 내가 뒤를 돌아볼 때 "그래, 내 인생 참으로 값지게 살았네. 이제 훌훌 털어버리고 가도 원이 없겠구면." 하고 홀연히 사라질 수 있는 그런 모습이 되길 빈다. "참으로 징그러운 삶이었지. 다시 돌아갈 수만 있다면 이렇게 살지는 않았을 거야." 나는 그렇게 지난날들에 대해 아쉬움을 남기며 생을 마감하는 모습이 아니길 빈다. 오지 않을 것만 같은 노인이 된 내 모습도 우리의 선조가 그러했듯이 우리에게도 온다. 그런데 '나는 무엇을 준비하고 있는 것인가?' 곰곰이 생각해보니 2009년도의 일도, 2015년도의 일도, 혹은 2020년도의 일도 생각을 하지 못하고 있다.

아니, 안 하고 있다. 이런 어리석음이 어디 있겠는가. 2017년도의 내 나이 40세. 먼 것 같던 중년의 모습은 어느덧 시작돼 조만간 나에게 찾아올 것이다. 2030년의 내 나이 53세. 나이가 든다는 것이 그리 달가운 일은 아니나 누구에게나 찾아오는 도전보다는 안정을 취해야 하는 모습이지 않을까? 그것을 잊고 청춘을 흘린다면 분명 먼 훗날엔 돌아가고 싶은 청춘이 될 것이다. 과연 이 현실 속에서 잘사는 것은 무엇인가. 이 현실 속에서 지나간 날들보다 앞날을 생각하며 살 수 있는 원동력은 무엇인가.

2058년 내 나이 81세. 그 나이에 내가 할 수 있는 것이 무엇인지는 지금이 모이고 모여 만들어지는 것인데. 그 지금에 내 마음을, 내 행동을, 내 생각을 무엇으로 채워야 할지를 끝없이 생각해야 할 때인 듯하다. 절대 2058년도는 멀리 있지 않다.

2008. 06. 23. 12:58

한계는 넘어서는 순간 디딤돌이 된다

정신이 맑아지는 날은 미래에 관한 선명함이 뚜렷하고 생생해진다. 잠시 찾아오는 두려움과 불안함은 전혀 찾을 수가 없다. 젊은 나이에 많은 짐을 지고 살아가는 것이 생각한 것처럼 녹록지는 않다. 쉽게 되고 쉽게 이루어지리라 상상했던 것들은 몸집이 점점 비대해지고 아무리 홀가분하게 달리고 싶어도 이리 쿵 저리 쿵 많이도 쿵쿵거린다. 노련한 운전사라면 쉽게 빠져나갈 길인데 나는 부족한 면이 많아 항상 불안한 마음과 두려움에 한계를 느끼곤 한다. 하지만 항상 생각해오던 말인 "한계를 넘어서는 순간 그것은 더 이상의 한계가 아니라 앞으로 나갈 수 있는 디딤돌이다."라는 사실을 잊지 말자.

먼 미래와 가까운 미래 그리고 현재 또한 지나온 날들 그 속에 인간은 항상 갈등하고 고뇌한다. '과거의 모습이 현재의 나를 만들었고 현재의 모습이 미래의 나를 만든다.'라는 진리만 안다면 미래에 대한 두려움이나 불안함은 절대 크지 않을 것이다. 때때로 잊고 망상에만 사로잡혀서 불안만을 가중시키는 돌머리 같은 생각은 나에게 도움이 되지 않는다. 그러기에 그것에서 자유의 몸이 될 수 있도록 단련시키자.

나에게 멘토는 무엇이냐? 책 속에서 느끼는 진리이다. 그 진리를 찾고 실천하기 위해서는 생각해야 하며 생각하다 보면 그 생각 속에 미래가 존재한다. 미래의 존재가치는 지금 만들어가는 하루라는 시간 속에 내 모습과 생각이다. 끝없이 생각하자. 미래 속의 나의 희망찬 모습을, 그것이 나의 성공을 가져다줄 것이다. 오늘같이 머리가 투명한 날에는 더욱더……

2008. 08. 28. 10:19

3,000억 원으로는 부족하고 삶이 시시하다

앞이 보이지 않는 깜깜한 날에 현실을 어떻게 달려왔는가. 미래에 대한 갈망과 그것에 대한 집착으로 온 것은 분명하다. 과거의 나는 그러하다. 지금의 나는 어떠한가? 내가 꿈꾸고자 하는 미래의 모습이 확실한가? 머릿속에 항상 간직하는가? 마음속이 항상 열정으로 가득 차 있는가?

머릿속에서 아른거리고 마음속에서 꿈틀거리지 않는 미래는 환상에 불과한 것이다. 확신 없이 미래로 나가자고 하는 것은 아닌가?

책을 다시 손에 들었다. 불확실한 미래에 대해 다시 확신을 세우고 싶다. 그저 "잘될 것이다." "열심히 하자." "노력하자." 이것으로는 불투명하고 불확실한 것이 너무도 많다.

진정으로 세세하게 목표를 세우자. 그리고 그것만 생각하고 그것만 만들기 위해 노력하자. 어느덧 2008년도 이제 한 달이 남았다. 그리고 새로운 해가 되면 또 다른 곳을 향해 또 다른 목표를 세울 것이 뻔하다. 하지만 내 머릿속과 마음속의 목표는 내가 죽는 날까지, 정확하게 말하면 가슴속에 새겨진 목표를 이루는 날까지 변하지 않고 바뀌지 않는 목표여야만 한다.

그것을 다시 한번 살펴보자. 그것이 진정 무엇인가를. 3,000억 원으로는 부족하다. 삶이 시시하다.

2008. 12. 01. 02:22

2009년 창업 5년 차

누구나 인생에서 스타트하는 순간이 있다

누구나 스타트라는 단어와 함께 인생을 산다. 그 스타트에는 설렘과 두려움이 항상 공존한다. 하지만 어느 쪽이든 기울게 마련이다. 성공으로 가기 위한 정확한 방법은 두려움보다는 설렘에 몸을 던지고 노력하는 것이다.

"무엇으로 여기까지 왔을까?"

그 질문만으로도 충분하다. 돈이 있어서도 아니고 머리가 똑똑해서도 아니고 내면에 있는 성공이란 단어 하나 가지고 왔다. 다시 시작하는 것이 잠시 걱정도 되지만 그것이 걱정으로만 끝나는 것이 아니라 또 하나의 내 삶의 일부이자 성공으로 꾸미고 싶다. 분명 그것은 가능할 것으로 본다. 생각의 차이가 나의 미래를 바꾼다. 두려워하기 이전에 미친 듯이 뛰어 심장이 터지도록 달려보는 것. 그러고 나서 뒤를 돌아보는 것. 그것은 나의 의무인지도 모르겠다. 먼 미래의 앞날 혹은 지나온 과거의 모습보다는 또 다른 시작 앞에서의 충실함으로 나를 만들기를 희망한다.

2009. 01. 04

공든 탑인데 무너졌다면 다시 쌓아올릴 것이다

위기는 한순간에 다가온다. 엘리호텔(프랜차이즈 브랜딩 론칭을 위해 운영하던 숙박업)의 객실 점검을 마쳤다. 역시 전담 관리자가 있어야 한다는 생각이 든다. 객실 상태가 지금까지 방문했던 것 중 최악이었다. 어찌 그리 쉽게 망가지는 모습을 보여주는지. 내 불찰이다. 좀 더 관심을 가지고 움직였어야 했는데 항상 최고일 거라는 안일한 마음으로 관리에 소홀했다.

공든 탑이 하루아침에 무너지는 것 같아 안타까운 마음에 직원들 앞에서 큰 소리로 야단법석을 떨었다. 그래서인지 마음이 영 불편하다. 하지만 나에겐 확신이 있다. 오늘의 우리는 아직 미숙하지만 스스로 일어서 다시 달릴 것이다. 직원들도 그렇게 생각해주길 바란다. 아니, 그렇게 믿고 있다.

우리에겐 꿈이 있다. 그리고 허물어진 것을 다시 쌓아올릴 힘도 있다. 이 힘을 바탕으로 성공을 이뤄낼 것이다. 모든 일이 생각처럼 돌아간다면 얼마나 쉽겠는가. 마음처럼 쉽게 되지 않는 것, 그렇기에 하나둘 성실하게 만들어가는 것, 그것이 인생이다.

2009. 01. 06. 20:18

자만에 빠진 열정은 어설픈 행동으로 이어진다

운 좋게 어려웠던 시절을 이겨냈다고 혹시 세상을 만만하게 보고 있는 것은 아닐까. 그런 자만심이 나에게 독이 될 것임을 잊지 말자. 경기는 점점 더 어려워지고 있다. 우리 회사의 미래 또한 그리 순탄하지는 않을 것이다. 현재의 성장이 영원히 계속될 수는 없는 법이다.

지금 당장 아무 탈이 없다고 미래까지 안전한 것은 아니다. 무엇을 준비해야 하는지, 무엇을 목표로 삼아야 하는지를 생각하고 또 생각해야 할 시기이다. 야놀자도 불황이라는 그늘을 완전히 피할 수는 없다. 이럴 때 무엇을 해야 하는가. 우리에게 열정이라는 소중하고도 강력한 무기가 있다. 하지만 자만에 빠진 열정은 아마추어같이 어설픈 행동으로 이어질 수 있다. 그 결과는 뼈아플 것이다.

사이트의 규모는 커지는데 매출이 확대될 만한 모습은 보이지 않는다. 전체 매출의 절반이 넘는 상단 광고의 매출이 작년 말과 비교해 급격히 떨어졌으며 멤버십 카드 발급을 통한 매출 또한 급감하고 있다. 하지만 아직 새로운 수익 모델은 만들지 못했다. 현재의 매출을 유지해야만 새로운 매출을 발생시킬 시간을 벌 수 있는데 이런 경기 한파 속에서 기존 매출이 얼마나 버텨줄지 의문이다.

짧게는 몇 달에서 길게는 1년 안에 새로운 수익을 만들지 못한다면 미래는 없다. 새로운 수익은 어떻게 만들 수 있을까? 완전히 새로운 모델을 만드는 것은 어려운 일이다. '기존의 것을 얼마나 최상으로 끌어올릴 수 있는가?'에 초점을 맞춰야 한다. 제휴점을 더욱 확대하거나 멤버십 발급을 늘리는 것, 또는 데이트 코스 서비스를 매출로 연결시키는 것. 무엇이 정답인지는 알 수 없다. 끝없이 생각할 뿐이다. 올바른 방향을 볼 수 있는 시야를 갖기를 희망한다.

2009. 03. 04. 07:33

최선을 다하는 것이 운명이고 인생이다

잡힐 듯한 느낌이 온다. 그것이 무엇인지 확실하지는 않지만 무엇이든 잡힐 듯한 느낌이 온다. 미래에 대해 알 수 있는 사람은 없다. 오직 미래는 내가 만들어나가는 현재에 대한 결과물이라 생각한다. 그것이 우연이든 필연이든 현재에 대한 결과물이라 믿는다. 무엇을 잡고 싶다면 그것에 대해 끝까지 생각하고 행동하면 될 뿐이다. 중도 포기하고 안 될 것을 미리 겁내 하고 그것에 대해 부정한다면 미래는 부정적일 것이다.

밝게 봐라. 그리고 항상 웃으며 최선을 다하라. 그것은 운명이고 나의 인생이다. 누구에게나 다 찾아오지 않지만 나에게 찾아온 좋은 기회이자 행운이고 현실이다. 그것을 쉽게 빼앗기지 말자. 나의 존재를 믿고 나의 미래를 믿자. 그리고 그것이 성공일 것이라는 확신을 하자.

2009. 03. 05. 23:33

끝까지 포기하지 않는 마음이 필요하다

대학 시절 그리고 회사 입사 후 쭉 1996년부터 2003년까지 68킬로그램이던 몸무게가 2005년이 되면서 73킬로그램으로 늘어났고 2005년 연말쯤에는 86킬로그램까지 늘어났던 몸무게가 드디어 정상 범위 안에 들어왔다.

71.15킬로그램은 얼마 만에 보는 몸무게인가? 3월 10일 82킬로

그램에서 다이어트를 시작해 70일이 지난 지금 71.2킬로그램. 중간에 먹고 싶은 유혹을 이기지 못하고 서너 번 마구 먹기도 했는데 바로바로 정신 차리고 끝까지 포기하지 않았던 것이 효과가 있었다. 어찌 보면 평생 이루지 못할 것 같았던 다이어트를 불과 70일 만에 완성했다. 사람이란 존재가 얼마나 나약한 존재인가를 보여주는 단적인 예이다. 이렇게 조금의 마음가짐만 다잡으면 될 것을 그토록 흔들리고 어렵게만 생각해 몇 번의 다이어트가 실패로 돌아갔는가. 나약한 존재일지라도 마음에 단 한 가지의 것만 존재한다면 그것은 성공 가능성이 매우 커질 수 있는 계기가 되는 듯하다.

끝까지 포기하지 않는 마음. 지금은 힘들고 잘되지 않아서 조금 쉬어갈 수 있다고 쳐도 그것에 대한 생각, 마음, 그리고 다시 일어설 수 있는 행동만 있다면 언젠가는 이룰 수 있는 것이 미래인 듯하다. 어찌 살아가야 하는가를 묻는 것부터가 미래의 시작이다. 항상 먼 나라 이야기 혹은 너무도 힘든 로또 같은 이야기라고 생각만 하고 있다면 그 생각은 현실이 되기가 쉽지 않다.

끝까지 생각하고 그것에 대해 천천히 아주 천천히라도 행동으로 보여줄 때 비로소 변화는 서서히 시작된다. 나는 가난한 영업 사원 오너였다. 하지만 나는 지금 가난한 영업 사원 오너가 아니다. 나는 차를 살 돈이 없어서 엑센트를 공짜로 받아 타고 다니는 사장이었다. 하지만 나는 지금 엑센트를 몰고 다니는 사장이 아니다. 나는 모텔 사장들이 하늘 높은 곳의 딴 나라 사람인 줄 알았다. 나는 오늘 그 딴 나라 사람으로 존재한다. 나는 86킬로그램 나가는 마치 출산을 앞둔 것처럼 벨트에 배를 얹고 다니던 사람이다. 하지만 나는 지금 허리에 왕王자를 새기려 하는 사람이 됐다.

나의 꿈이 무엇이냐 물으면 "월 매출 3,000만 원이 돼 사원들 급여 걱정 없었으면 한다."라고 답했던 사장이다. 하지만 나는 나의 꿈이 무엇이냐 물으면 스스럼없이 "3,000억 원이다. 야놀자월드다."라고 말하는 사장이 됐다. 하지만 이 꿈도 세월이 바뀌면 3조 원이 될 수도 있다고 야놀자월드의 세계화가 될 수 있다고 조심스럽게 생각하기 시작했다.

내 인생은 누군가가 바꿔주는 것이 아니다. 내 인생은 현재 생각하는 모습으로 바뀐다. 나에게 마법을 걸어라. 그리고 포기만 하지 말고 행동해라. 힘차게 나아가다 힘들면 조금 쉬고 조금 천천히 가더라도 절대 포기만 하지 말고 가라. 그리하면 언젠가는 내 인생에서 가장 크고 떳떳하고 당당한 자신을 만날 것이다. 실패든 성공이든 비굴하지 않고 너무도 당당한 모습의 자신을 만날 때 비로소 정말 성공한 삶이 될 것이다. 분명히 될 것이다.

2009. 05. 21. 01:06

때론 참고 인내하는 시간을 견뎌야 한다

어느덧 5월이 지나고 상반기의 마무리 달인 6월이 시작되는 시기이다. 2009년 남은 과제는 미래를 위한 준비인 듯하다. 야놀자라는 브랜드의 도입기를 지나 성장 초기의 시간을 보내고 있는 지금 야놀자에게 오래도록 튼튼한 버팀목이 될 방법을 찾아야 한다. 바람 앞에 힘없이 꺼지는 촛불 같은 기업이 많다. 고스란히 그 짐은 사원들과 업체 관계자들에게 돌아가는 것이 현실이다.

오래도록 버틸 수 있을 때 비로소 성공 이야기는 시작된다. 그러기 위해서는 종잣돈이 필수다. 회사로서는 사업 자금이다. 물론 지금도 어느 정도 확보해 두었지만 그것으로 할 수 있는 일은 그리 많지 않다. 적어도 모든 것을 다 쏟아붓지 않아도 무언가를 성사시킬 수 있는 능력이 돼야 한다.

무리하게 회사의 100퍼센트를 다 움직이면 위기를 대처할 수 없게 된다. 이미 많은 일 속에서 경험하지 않았는가. 남들이 빨리 달린다고 나의 리듬을 잊고 남들처럼 따라가다가는 목표한 최종 목적지에 도달하기도 전에 쓰러지는 수가 있다. 참고 인내하고 잠시 아쉬움을 달랠 수 있어야 진정한 성공을 맛볼 수 있다.

2009년은 그 맛을 보기 위한 인내의 시간이라 생각하고 좀 더 기다리자. 그리고 최대한 현금 흐름을 확보해 2010년에는 또 하나의 튼튼한 브랜드를 살리기 위한 조건을 만들자.

2009. 05. 31. 01:43

욕심과 탐욕은 나를 실패하게 만든다

'무엇이 나를 풍성하게 할 것인가?'를 생각하자. 내가 가지는 욕
심과 탐욕은 나를 실패하게 만든다는 것을 바로 알자. 성공하기 위
해 나에게 무엇이 필요한가를 절실하게 생각하자. 작은 이익을 얻으
려고 원망을 듣지 말자. 마음을 비우고 순리를 따르자.

'함께 살아감'을 살펴보자. 내가 줄 수 있는 것은 무엇이고 그로
인해 나에게 돌아올 것은 무엇인지 생각해보자. 기꺼이 줄 수 있는
대상이 있다면 성공으로 가는 좋은 길동무가 될 수 있다는 것을 생
각하자. 이제 다시 초심으로 돌아가 무엇을 해야 하고 무엇을 세워
야 하는지 생각하자. 아무것도 없었던 때의 마음으로 돌아가 다 같
이 먹고살 길을 찾아야 할 때다. 나만 배부르고 나만 즐거운 것은 잠
깐의 탐욕에 불과하고 오래도록 후회할 일이 될 것이다.

현실적으로 쉽게 탐욕을 버릴 수 있는 것은 아니지만 작은 것 하
나부터 서서히 노력하자. 주변을 이롭게 하고 인정을 베푸는 야놀자
가 되기 위해 노력해야 할 것이다. 그것이 야놀자가 번영하는 길이
라는 사실을 절대 잊지 말자.

2009. 06. 15. 23:29

2009년 마지막 월급날을 보내며 감사한다

올해 마지막 월급날이다. 참 빠르다. 그리고 길다. 또한 깊다. 내내 2009년이란 시간을 되짚어보면 이상할 것도 없이 획획 지나온 날들 같다. 그런데도 그리 쉬운 과정의 모습은 아니니. 한편으로는 지금껏 살아온 내 생애에 가장 큰 깊이감을 준 한 해가 아니었나 생각한다. 무엇이 나를 이끄는지 생각하지 않는다. 이 이끌림에 최선을 다할 뿐이다.

때때로 그것에 게으름과 나태함을 보이기도 하지만 잠시의 휴식일 뿐 내가 가야 할 정확한 목표를 버린 적은 없다. 내 생애 아름다운 날을 생각할 때 2009년이 돌아오고 싶은 한 해였기를 간절히 바란다. 또 다른 한 해를 위해 이제는 준비해야 할 시기가 된 듯하다. 2005년은 월급날이 참으로 버거웠는데 이만큼이나 성장했다니 너무도 새롭다. 그 버거웠던 날들의 모습을 마음속에 간직하며 지금의 모습에 감사하고 또 열정을 만들어나가는 것이 보답하는 길이란 생각이 든다.

2009. 12. 11. 00:11

마음 편한 상황은 아니지만 작아지지는 말자

호텔오가 드디어 오픈했다. 하지만 역시나 새로운 도전은 쉽지 않다는 것을 새삼 또 느낀다. 무엇을 하든 풀어야 할 과제가 있고 그 것이 풀리는 순간 또 다른 과제가 나타난다. 양파처럼 까도 까도 껍 질이 계속되는 것처럼 느껴지는 날은 피로감이 한층 더 크다. 하지 만 그렇다고 그 피로감에 눌려 그대로 서 있을 수는 없는 일 아닌가.

이제부터 진정한 승부수를 던져야 할 시점이라는 것을 잘 알고 있다. 여러 가지로 마음이 편하지 않은 상황이지만 그렇다고 마음마 저 작아지지는 말자. 그것이 나의 몫이고 내가 해야 할 일들이고 풀 어야 할 과제들 아닌가. 풀리지 않는 과제물은 여태 없었다. 무슨 수 를 쓰든 어떤 방식으로든 풀고 넘어야 할 문제들이기에 또 한 번 도 전하며 그것에 대해 진정으로 마음을 다하면 그뿐이다.

마무리가 잘되지 않았고 하자도 많을 것 같다. 하지만 그것 또한 가지고 가야 할 내 인생이다. 내 인생이라고 느끼는 순간 운명으로 받아들이고 최선을 다하면 된다. 더 이상 그 어떤 것도 필요치 않다. 분명 처음은 미약할지 모르나 나는 확신한다. 확신할 수 없어도 확 신한다고 믿는다. 끝까지 포기만 하지 않으면 한계를 넘어 그것을 또 다른 한계를 향해 가는 디딤돌로 만들 것임을 확신한다.

2009. 12. 21. 03:38

*

기존 방식을 거부하고 새로운 인테리어 마감 소재로 모텔을 리모델링하여 오픈했다. 그 과정에서 인테리어가 생각처럼 나오지 않았고 하자도 많이 생겼다. 하지만 결국 그 하자를 다 잡고 인테리어에 특색을 입혀 고객 만족을 줄 수 있었다.

하루하루가 물러설 수 없는 전쟁이다

하루도 빠지지 않고 전쟁 중인 듯하다. 사장으로 산다는 것이 무겁다는 것을 시간이 흐르면 흐를수록, 회사가 커지면 커질수록, 회사가 가진 것이 많아지면 많아질수록 더욱 강하게 느껴진다. 그것이 순리라는 것을 잘 알지만 하루 정도는 맑게 휴전하고 싶은 생각이 들기도 한다. 하지만 종일 따라다니는 회사의 오만 가지 일들 속에 이미 회사의 일은 내가 됐고 나의 생활은 회사가 됐다. 그것이 나의 운명이고 내가 만든 결과물이다. 어찌 보면 앞으로의 날들은 이 전쟁을 더욱 즐기며 살아야 스트레스를 줄일 수 있을 것이다.

이왕 시작한 일이니 즐기며 하자. 그렇게 즐길 수 있는 것이 능력이다. 하루 이틀 만에 끝날 일은 없다. 모든 것에는 시작이 있고 과정이 있고 결과가 있다. 또한 그 결과를 토대로 또 다른 시작이 존재한다. 내가 원하든 원하지 않든 이미 시작되고 끝이 난다. 그렇기 때문에 무엇에 대한 두려움이나 무거움 따위를 느끼려 하지 말자. 느낌으로 강하게 오는 것을 감성적으로 받아들일 때는 걷잡을 수 없이 슬럼프에 빠지게 될지도 모르기에.

사장으로 산다는 것은 내가 여태까지 생각해온 좋은 일상과는 거리가 있다는 것을 점점 느끼지만 그래도 가야 할 길이라면 가야 하지 않겠는가. 더 인내하고 더 넓게 생각하고 더 강하게 그러면서도 유연하게 행동하자. 그리고 절대 목표를 잃지 말자. 목표를 잃는 순간 무너진다. 결코 그것이 힘든 과제라고 포기하지 말자. 누가 뭐라 하든 혹은 스스로 흔들리든 고집스럽게 목표를 향해 가면 그뿐이다. 그것이 곧 성공일 것이다. 끝내지 못할 전쟁이라면 나를 넘어설 수 있는 확실한 전략과 전술을 스스로 찾아야 할 것이다.

2009. 12. 26. 11:38

2010년 창업 6년 차

겸허해지고 또 겸손해지자

2010년이 벌써 얼마나 흘렀는가. 시간은 야속하게도 기다림이란 존재를 부인한다. 인재교육과 또 다른 도약. 올 한 해 야놀자의 키워드인 '위풍당당 야놀자'가 되는 방법을 얼마나 모색하고 있는가. 혹여 생각의 시작도 없이 며칠을 허비한 것은 아닌가. 스스로에게 반문하고 또 반문해야 한다.

야놀자의 성장. 그것이 정확히 무엇으로 나타나는 것인지 파악했는가. 혹시 분위기만 그러한 것은 아닌가. 끝없는 물음이 존재해야 한다. 이제 시작이 아니라 이미 시작됐다. 이미 며칠 전에 생존을 향한 총성 없는 전쟁이 시작됐다. 야놀자 인재교육 시스템을 어떤 식으로 가져갈 것인지. 야놀자가 정확히 무엇을 목표로 2010년의 시간을 쓰고 있는지, 시간을 허비하는 것은 아닌지 다시 절실하게 따지고 물어야 할 것이다. 지금 흐트러지면 올 한 해 풍년은커녕 보릿고개 넘기듯 배고픔을 느끼게 될 가능성이 있음을 잊지 말자.

겸허해지자.
겸손해지자.
그리고 영리하게 노력하자.

야놀자의 힘은 분명 나 자신은 아니다. 모든 야놀자인이 만나 통찰하고 행동할 때 비로소 그 진가는 발휘될 것이다. 그것을 같이 느낄 수 있는 강력한 에너지가 우리에게는 필요하다. 인재교육, 새로운 도약, 위풍당당 야놀자가 되는 방법에 대한 접근이 시급하다. 이미 시간은 흐르고 있다.

2010. 01. 08. 21:10

웃으면서 12월을 맞이하고 싶다

2월이 시작됐다. 2010년의 1개월은 뒤를 돌아볼 겨를도 주지 않고 빠르게 흘러 또 다른 날의 또 다른 시작이 어김없이 왔다. 2월은 천안 엘리호텔을 오픈해야 하는 달이기도 하고 야놀자의 메인 리뉴얼이 완성돼야 하는 달이기도 하고 또한 야놀자스러운 부분을 만들기 위해 또 다른 해법을 찾아야 하는 달이기도 하다. 다들 정신없이 달려야 했을 만큼 그리 녹록지 않은 세상이다. 하지만 야놀자만의 신념과 열정이 통하는 세상으로 만들고 있다는 증거를 보는 듯해 기쁘다.

2010년 한 해를 1월과 같이 보낸다면 웃으며 올해를 마감할 수 있으리라 장담한다. 실적, 매출, 그리고 성과 같은 것들이 답이 될 수도 있겠지만 그보다 더 중요한 것은 마음을 어디에 두고 열정을 발산하느냐이다. 야놀자를 믿는 가장 큰 이유는 바로 그 열정을 느꼈고 보았기 때문이다. 2월은 바쁘다. 설도 있고 그전에 엘리호텔의 오픈. 그리고 야놀자 사이트의 변화, 또한 매거진의 향방, 모텔업의 향방, 호텔예약의 준비, 교육의 시스템화를 위한 첫발을 내딛기도 한다.

할 것이 많은 달이다. 그렇기에 행복하다고 말할 수 있는 달이기도 하다. 무엇을 해야 할지 모른 채 바쁘게 지내 온 날들도 있었지만 무엇을 해야 하는지 정확하게 알고 있다는 사실만으로도 발전과 성장을 할 수 있는 것이라 믿고 2월 한 달도 잘 이끌어볼 수 있는 달이 되길 기원한다.

2010. 02. 01. 01:07

생각하고 결정하고 실천하고 실현하자

무엇인가 막혔을 때 불안할 때 미래가 궁금할 때 한없이 생각한다. '생각'은 내가 여기에 있게 한 가장 중요한 키워드이다. 답이 나오지 않고 무엇을 해야 할지 모를 때도 한없이 생각한다. 종일 생각을 해야 한다. 생각을 멈추는 날은 내가 존재할 가치가 없어지는 날이다. 따라서 나는 생각해야 하는 존재로 남아야 한다.

끝도 없고 답도 없는 생각. 끝이 나타날 것 같지만 어느새 또 다른 시작이 돼버리고 답이 완성됐지만 세상은 또 다른 문제를 항상 제기한다. 한 발짝 다가서면 또 한 발짝 멀어지는 것이 생각 그 자체인 듯하다. 나는 고로 항상 생각하는 존재가 돼야 한다. 포괄적 생각 그리고 핵심적 생각을 할 줄 알아야 한다. 답을 찾을 수 있도록 도와주는 중요한 요소이기 때문이다. 생각이 얼추 정리돼 마무리할 즈음에는 또 다른 과제가 눈앞에 다가선다.

바로 실천이다. 실천이라는 것은 생각을 가공해 상황과 현실에 맞게 눈에 보이게끔 해주는 완성을 의미한다. 생각은 오로지 생각만 하면 되지만 실천이라는 것은 몸과 마음 그리고 현실이라는 벽이 있기에 참으로 어려운 숙제임이 틀림없다. 어려운 숙제와도 같기에 쉽게 포기하거나 어설프게 답을 풀려 할 때 그것은 성공과는 먼 결과물을 가져오기도 한다. 실천할 때면 항상 생각의 원천적 이유가 무엇인지 파악해야 하고 현실에 맞게 가공해내야 하는 어려움이 있다.

그 어려움이 있기에 누구나 다 성공을 맛볼 수 없는 것이다.

우리가 해야 할 일들에는 많은 어려움이 존재한다. 나는 한없이 변화하는 생각으로 삶을 살아가야 한다. 그리고 그 생각을 통해 안정적으로 리드할 수 있는 리더의 입장이 돼야 한다. 또 최초에 생각을 발생시킨 원천적인 이유를 고수하며 그것을 현실의 상황에 맞게 섬세하게 분석하고 실행해야 한다. 이런 과정은 어렵지만 반드시 실행해야 할 우리의 일이다.

생각하는 오너, 실천하는 사원. 둘 다 어려운 과제임은 틀림없다. 하지만 생각의 끝에는 결정이 따른다. 결정된 것에 대해 제대로 된 가치 있는 현실성을 부여할 수 있는 정확하고 빠른 실천을 해야만 한다. 그래야만 살아남을 수 있는 것이 오늘날의 자본주의이다. 우리가 살고 있는 경쟁 구도 위에서 야놀자는 이미 생존 전쟁을 치르고 있다. 생각은 결정을 낳아야 하고 실천은 생각을 재가공해 현실성을 낳아야 한다.

2010. 02. 20. 14:41

야놀자의 열정과 꿈에 꼭 필요한 인재이고 싶다

어느덧 3월이다. 내가 행하고자 하는 것들에 의해 많은 것이 달라질 수 있다. 그 사실을 알아가는 것이 가끔은 무겁고 놀라운 일이라는 생각이 든다. 하지만 그것에 대해 회피하고자 하는 마음은 없다.

나는 야놀자인으로서 적당한가를 자주 되묻곤 한다. 물론 야놀자의 창업주이지만 야놀자가 하나둘 커지는 와중에 나 스스로의 마음도 하나둘 커질 수 있기를 바라는 마음이 간절하다. 하지만 늘 내가 생각해왔듯이 내가 더 이상 커질 수 없을 때는 자리에 급급해하지 않기를 기도한다. 스스로는 스스로가 있어야 할 자리를 잘 알고 있다. 그것을 알고 있으면서 욕심을 내는 순간 탈이 생기게 마련이다.

야놀자가 더욱 커지길 소망하고, 또한 야놀자로 인해 꿈을 꾸고, 또 먹고 살아야 하는 수많은 사원과 제휴점 등을 생각할 때 마음속에 욕심을 가지면 참 힘들겠다는 생각이 든다. 내 마음속 욕심으로 멋진 결과와 멋진 모습을 만들어낼 수 있는 소중한 가치를 망치는 결과를 만들지는 말자.

시간은 생각지도 못하게 빠르게 흐르고 있다. 야놀자에 대한 애정과 생각이 더욱 깊어질수록 야놀자는 발전한다는 것이 기쁘다. 하지만 생각지도 못한 시간이 흐르고 내가 야놀자를 생각하면 생각할수록 야놀자의 발목을 잡아끄는 일이 생길 때 누군가가 나에게 이제는 그만 욕심을 부리라고 하며 야놀자에 그리던 꿈을 회상할 수 있게 만들어주길 간절히 바란다.

생각지도 못하게 흐르는 시간이 왠지 생각지도 못하게 청춘을 가져갈 것 같은 느낌이 들기도 한다. 하지만 시간의 흐름 속에 후회보다는 자신감과 값진 회상이 남아 있기를……. 야놀자의 갈 길은 멀다. 그리고 나도 아직 야놀자의 열정과 꿈에 꼭 필요한 인재가 되고 싶다. 야놀자가 정말 좋은 기업이 되기를 바라며 2010년의 3월을 시작한다.

2010. 03. 01. 05:07

야놀자를 창업하고 행복하지 않은 순간이 없다

올해는 유난히도 봄이 짧았다. 겨울에서 바로 여름이 찾아온 것처럼 느껴진다. 썰렁하던 나뭇가지들이 어느새 옷을 입었다. 지금까지 나이 먹는 것을 못 느끼고 살아왔는데 문득 주름이 깊게 파인 내 얼굴과 손을 상상하니 더욱 잘살아야겠다는 생각이 든다.

야놀자를 창업하고 나서 행복하지 않은 순간이 없다. 지나고 보니 힘든 순간도 행복이더라. 태어난 이래로 행복을 느꼈던 순간은 과연 언제부터일까. "더 좋은 가정환경에서 태어났으면 좋았을 텐데……."라며 남들을 부러워했던 소년이 이제는 떳떳하게 일어나 두 발로 세상을 걷고 있다.

나의 유년기와 20대의 삶은 어려움의 연속이었다. 나는 힘들고 어려운 시절을 지나오며 혼자만 성공하는 것이 행복이 아님을 깨달게 됐다. 내 주변 사람들을 감사히 여기고 함께 어울릴 수 있어야만 나 또한 행복할 수 있다는 것을 잘 알고 있다. 현실적으로도 혼자 힘으로만 성공하는 것에는 한계가 있다. 야놀자에서도 수많은 가치가 내가 아닌 주변의 사람들로부터 발생하고 있지 않은가.

나는 영업 활동을 하고 있지 않다. 나는 디자인을 하지 못할 뿐더러 기획력이 탁월하지도 못하다. 나는 엔지니어도 아니다. 나는 훌륭한 관리자로서의 소양을 갖추고 있지도 않다. 나는 연륜이 많지도 않고 엄청난 부를 갖고 있지도 않다. 나는 머리가 탁월하게 좋지도 못하고 그렇다고 배운 것이 풍부하지도 못하다. 다만 나에게는 24시간 365일을 생각해도 언제나 뭉클거리는 야놀자에 대한 열정, 확고한 의지, 그것을 함께하는 야놀자인들이 있다는 믿음뿐이다.

"야놀자가 다른 사람들의 땀과 피를 통해 성공하지 않기를 바랍니다."

3일째 귓가에 맴도는 황두현 팀장의 말이다. 이 말을 듣고 괘씸하다고 생각하다니 나도 참으로 소심한 성격인가 보다. 하지만 이제 이 말은 나의 머리를 거쳐 마음에 확고한 의지로 자리잡았다. 나를 잘 먹고 잘살게 해주는 사람들에게 감사하자. 나만 배불리 풍족하게 사는 것이 행복이 아님을 잊지 말자.

내 주변 사람들까지 잘사는 시대를 만드는 것은 나의 의무이다. 또한 그것이 내가 망하지 않도록 해주는 원동력이다. 세월의 흐름은 한순간이고 인생 또한 끝이 있는 것. 이왕지사 아름답게 피고 지는 사람으로 남는 것도 좋지 아니한가.

2010. 05. 19. 15:11

인재를 확보하고 키워내는 것이 사장의 일이다

새벽 공기가 참 좋다. 요 며칠 동안 잠을 잘 자지 못했다. 푹 자고 싶어도 아이들이 아프기도 했고 이 일 저 일로 선잠을 자다가 깨곤 했다. 회사가 커지고 사람이 많아질수록 결정해야 할 일들이 점점 늘어난다. 나는 천재도 아니요, 옳은 결정만 집어낼 수 있는 점쟁이 도 아니다. 사장으로서 바른 결정을 내리기 위해 내가 해야 할 일은 무엇일까?

나는 회사를 세우고 한동안 매출을 만들기 위해 발로 뛰는 실무 자였다. 하지만 이제 내가 해야 할 일들은 실무가 아니다. 내가 해야 할 일은 꿈꾸는 것이다. 나는 구체적인 '위치'가 아니라 나아가야 할 '방향'을 제시해야 하는 자리에 있다. 실무적이고 구체적인 목표는 구성원 각자에게 돌아가야 할 숙제이다. 야놀자에서 내가 존재하는 이유는 구성원들이 정확한 목표를 설정할 수 있도록 비전을 공유하 는 것이다.

사업의 궁극적인 목표가 성공이라는 것을 잊지 말자. 실패가 쌓이면 회사가 문을 닫아야 하는 것이 자본주의 시장의 기본 원리다. 살아남기 위해선 반드시 성공해야 한다. 그렇다면 성공하기 위해선 무엇이 필요한가? 회사와 시장 상황을 객관적으로 분석할 수 있어야 한다. 분석을 바탕으로 전략을 만들 수 있어야 하고 효과적으로 실행할 수 있어야 한다. 그러기 위해선 반드시 인재가 필요하다. 따라서 인재를 확보하고 키워내는 것이 사장인 나에게 주어진 가장 큰 의무이다.

야놀자를 인재의 장으로 만들어야 한다. 자율적으로 행동하고 책임과 의무를 다하는 조직, 최고의 대우를 받을 수 있는 직장, 남들이 평가하기 전에 우리 스스로 최고라는 자부심을 가질 수 있는 회사. 이런 모습을 갖출 수 있다면 야놀자의 성공도 한층 가까워질 것이다.

2010. 06. 04. 05:25

나는 아주 아주 아름다운 그림을 그릴 것이다

그림을 그리듯 세상은 나에게 언제나 무한한 가능성의 공간이다. 다만 내 그림 실력이 아주 정교하고 탁월한 솜씨인가 그렇지 않은가에 따라 세상이 내 그림의 작품성을 인정하는가 그렇지 않은가로 나뉠 뿐이다. 어떤 이들은 처음부터 많은 것을 가지고 태어난 듯 착각하며 살지만 혹은 그렇게 태어나지 못한 것에 대해 불평불만 하며 살지만 결국 살다 보면 그에 따른 물질적 부, 인격적 명예, 도덕적 마음, 가족 간의 사랑 등 모든 것들이 태어나면서 가질 수 있는 것들은 하나도 없음을 알게 된다.

오로지 '0'이라는 공평한 공간에서 시작된다는 것을 알게 된다. 결국 모든 것이 '0'이 아니라 누구는 '0'이고 누구는 '90'에서 시작한다는 마음을 먹는다는 것은 내가 세상에 그릴 수 있는 그림 실력이 안타까운 지경이라는 자책밖에는 안 되는 것이다. 내가 세상을 살아감에 무엇으로 살지, 어떤 식으로 살지, 어떤 모습을 나의 멘토로 삼고 살지, 어느 누가 나를 멘토로 삼을 수 있을지 등 여러 가지의 복잡함이 존재한다. 하지만 결국 살아가는 방식은 스스로가 결정한다는 것은 누구도 부인할 수 없다. 내 자식들에게, 내 아내에게, 내 주변인들에게, 내 회사 동료에게, 내 부모에게, 내 친구들에게, 이 세상 사람들에게, 그리고 결국 스스로에게.

어떤 그림을 그리고 살지는 결국 자기의 그림솜씨에 달려 있고 그림솜씨라는 것은 아무리 천성적으로 뛰어나다 하더라도 연습하지 않으면 연습을 막무가내로 한 사람보다 영 형편없어진다. 이 세상 사람 누구나 다 아는 사실일 것이다. 내 삶이 녹록지 않더라도 가슴에 뭉클거리는 무엇이 꿈틀거린다 해도 온전히 자기 스스로 극복하고 살아야 한다. 사업이든 직장이든 가정이든 우애든 사랑이든 재산이든 명예든 뭐든 다 스스로 마음을 어디에 놓고 사는가에 달려 있다는 것을 명심하자.

마음을 잘 다스리고 인내하고 끝까지 생각을 포기하지 않을 때 비로소 만들어지는 것이 좋은 결과라는 것을 잊지 말자. 좋은 사람, 아름다운 인생, 풍요로운 마음을 지닌 사람이 되기 위해 무엇을 해야 하는지. 이 독해 빠진 마음을 어찌 다스려야 하는지를 깊이 생각하기를 빈다.

2010. 06. 15. 11:53

내가 가장 잘할 수 있는 것에 온전히 힘을 쏟자

풀리지 않는 과제는 없는 듯하다. 특히나 살아가는 문제는 생각의 깊이, 시간, 그리고 그것에 대한 간절함이 있다면 어떤 식으로든 해결되게 마련이다. 통찰력을 만드는 방법은 오로지 생각뿐이다. 무엇을 하든 그것에 대해 진정성을 가지고 생각하다 보면 해답이 생기곤 한다.

설령 바로 해답을 내지 못하더라도 생각은 해답을 만들 수 있는 다른 능력을 갖추게 한다. 점점 시간의 흐름이 빨라지는 듯하다. 내가 가지는 것들은 하나둘 많아지고 그로 인해 책임져야 하는 일도 많아진다. 그 책임감 속에는 가벼운 것부터 매우 무거운 것까지 있다. 인생을 어떻게 살아가야 하는지에 대한 해답은 그 책임감에서 비롯되고 내가 무엇을 잘 못 하든 혹은 잘하든 그것에 대한 꼬리표는 항상 나를 따라다니게 되는 내 인생이지만 내 인생이 아닌 형상이 되기도 한다.

하지만 난 결코 그것에 대해 망설이거나 혹은 누군가에게 미루고 싶지 않다. 변명하고 싶을 때도 꾹 참고 살아갈 묵묵함이 나에게 있기를 간절히 바란다. 오로지 내가 선택해온 길이고 혹은 선택하지 않았다고 해도 결국 내가 가져야 할 인생 아닌가. 오늘도 풀리지 않는 과제 혹은 만들어지지도 않은 과제에 몰두하는 것이 나에게는 매우 중요한 일이고 멋있는 일이기도 하다.

인생을 즐긴다는 것. 그것을 다른 것에서 찾지 말고 내가 지금 가장 잘할 수 있는 생각하는 일, 문제를 만드는 일, 그리고 그 문제를 해결하는 일, 그것을 세상과 통하게 하는 일. 그것에 대해 즐길 수 있는 사람이 되길 간절히 바란다. 내 인생이 아까운 인생이 되지 않기 위해, 잘살아온 인생이고 잘살아갈 인생이 되기 위해 내가 가장 잘할 수 있는 것에 온전히 힘을 쏟자.

2010. 09. 23. 03:35

하루하루 급급하게 살아가다간 위험해진다

큰 위험 앞에는 항상 이상 신호가 감지되게 마련이다. 우리 야놀자는 어떠한가. 목표로 했던 방향과 다르게 흘러가는 것이 눈에 보이지만 담당자들은 대수롭지 않게 넘겨버린다. 미래를 내다보지 않고 궁극적인 목적조차 잊은 것은 아닐까. 스스로 열심히 하고 있다고 위안하며 하루하루 급급하게 살아갈수록 위험은 걷잡을 수 없어진다.

'호텔예약, 소셜커머스, 모텔업, 직영사업부, 할인카드, 모텔 예약.'

시작했으니 결과를 만들어야 한다. 결과는 과정을 통해 완성되며 과정은 초기의 기획 의도에서 비롯된다. 시행착오를 겪더라도 방향성을 잊지 않고 위기를 극복해야만 원하는 결과를 얻을 수 있을 것이다.

'호텔 예약.'

호텔 예약은 얼마의 가치를 줄 수 있는 사업인가. 사업 초기의 기획 의도에 맞는 과정을 걷고 있는가. 구성원 각자 무엇이 최선인지 고민해야만 성공할 수 있다.

'소셜커머스, 커플티켓.'

막연히 잘될 것이라는 오만한 생각으로 시작했다면 세상은 그리 만만하지 않다는 것을 깨닫게 될 것이다. 행운이라는 것이 몇 번 찾아올지 몰라도 결국 고객은 무엇이 좋은 것인지 가려낸다.

날짜에 맞게 상품을 내놓기 위해 노력하는 것은 좋지만 욕먹을 상품을 판매하는 것은 실패로 가는 지름길이다. 당장 급하다고 해서 덜 익은 밥을 판다면 어떻게 되겠는가. 공급자에게는 '을'이 되고 고객에는 '갑'이 되려 한다면 과연 고객이 우리를 선택해 주겠는가. 소셜커머스는 입소문으로 성공하는 모델이다. 즉 입소문에 망할 수도 있다는 이야기다. '일단 팔고 보자'는 식으로 운영한다면 결국 실패할 것이다.

"모텔업, 직영사업부, 할인카드, 모텔 예약."

잠시 잘된다고 방관하거나 느슨해지면 사고가 나거나 방향성을 잃게 된다. 10명이 있을 때는 10명만 열심히 하면 어떻게든 먹고는 산다. 하지만 100명이라면 상황이 다르다. 무엇을 해야 하는지도 모르면서 무조건 열심히 하거나 방법을 알지만 다른 쉬운 길이 있다고 착각해 방향을 잃는다면 100명 모두가 열심히 일한다 해도 결국 망하고 말 것이다.

나는 야놀자가 성공하리라 믿는다. 하지만 그러기 위해선 일단 살아남아야 한다. 여러 가지 이상 신호가 우리에게 위험을 예고하고 있다. 성공에 다가서기 위해선 처음의 목표와 방향을 잃지 말아야 한다.

2010. 11. 07. 11:51

*

야놀자는 지난 10년의 세월 동안 수없이 다양한 시도를 했다. 모든 일이 성공했던 것은 아니다. 야놀자는 많은 실패를 겪으며 성장했다. 그중에서도 가장 뼈아프게 실패를 맛본 두 가지 사업이 있다. 바로 '커플티켓'이라는 소셜커머스 사업과 '호텔잡자'라는 호텔 예약 사업이다.

커플티켓은 야놀자의 데이트 코스 서비스인 '데이트&'의 콘텐츠를 활용해 시작했다. 당시는 티켓몬스터의 등장과 함께 소셜커머스가 돌풍을 일으키던 시기다. 우리는 '데이트'라는 차별화된 콘셉트를 무기로 시장에 진입했지만 순식간에 무려 500개가 넘는 소셜커머스 서비스가 생겨나며 시장은 빠르게 포화상태가 됐다. 저렴하고 질 좋은 상품을 유치하기도 고객을 모으기도 모두 어려운 상황이었다. 나에겐 이 사업을 계속 진행해야 할 이유도 의지도 없었다. 더 이상 서비스를 할 수 없다는 판단이 섰다. 우리는 남들보다 빠르게 서비스를 종료시켰다. 쓰디쓴 실패를 맛보았지만 지금 돌이켜보면 서비스를 빠르게 정리한 것만큼은 현명한 선택이었다. 미련을 버리지 못하고 길게 끌고 갔다면 더 큰 손실을 보았을 것이다.

'호텔잡자'는 '커플티켓'과는 반대로 5년 넘게 지속한 서비스다. 후에 '야놀자호텔비교'로 서비스를 전환하기 전까지 '호텔잡자'는 긴 시간 동안 별다른 성과를 만들지 못했다. 매출을 만들지 못하더라도 특화된 서비스로 시장의 일부분을 장악했어야 했다. 하지만 막연한 기대 속에 특별한 대책 없이 사업을 지속했다. 해당 팀원들이야 고생이 많았겠지만, 조직 차원에서 볼 때 전력을 다해 서비스에 집중하지 못한 것은 깊이 반성해야 할 부분이다.

전쟁터에서도 보듬어주는 울타리가 되고 싶다

12월 19일 새벽. 보름도 남지 않은 한 해. 쉽게 흐른 듯하지만 뒤돌아보면 많은 것들이 있었다. 시간이 가지 않을 것 같았지만, 언제나처럼 시간은 누구의 방해도 받지 않는 듯 쉬이 흘러간다. 난 아직 20대라 생각하지만 어느덧 30대 중반이 돼 있고 회사를 설립한 지는 만 6년이 돼간다.

마음 또한 점점 나이가 들어가는 그런 모습을 지니고 사는 듯하다. 조급한 마음을 달랠 수 있는 사람이 돼야 하고 욕심을 부리지 않는 사람이 돼야 한다. 내가 가질 것과 내가 내줄 것을 명확히 판단할 수 있는 그런 사람이 돼야 한다.

얼마나 오래도록 지속될 것인지는 몰라도 한 해 한 해 지나간 해보다는 더 좋은 모습으로 새해를 맞이할 수 있다는 것 하나가 축복이고 평안이다. 전쟁터와 같은 사회의 냉담함이 현대사회의 모습이지만 나는 야놀자가 냉혹함보다는 보듬어줄 수 있는 울타리와 같은 존재가 되길 원한다.

도전은 우리를 힘들게 한다. 새로움은 항상 불안하다. 큰 노력과 희생이 필요하기 때문이다. 하지만 그 도전이 없다면 내년은 더 불안할 것이고 후년도 마찬가지이다. 생명수를 찾지 못한 채 한 해를 마무리할 때마다 야놀자에는 비참함과 어두운 결과가 돌아올 것이다.

많은 기업은 그래서 항상 새로움을 찾을 수밖에 없다. 욕심을 부리지 말자. 하지만 게으름은 안 될 말이다. 한 단계 한 단계 누가 무엇을 하든 우리 일에만 집중하자. 야놀자가 그리고 내가 해야 할 일들이 무엇인지를 명확히 판단하고 그것을 실천해야 비로소 평안함을 즐길 수 있는 연말을 만들 수 있을 것이다.

2010년 시작한 사업 중 아직 완성된 사업은 없다. 하지만 결국에는 스스로 일어서는 모습을 볼 수 있으리라 판단한다. 한 해가 보름도 남지 않은 상황. 그래도 잘 싸웠다 쓰다듬을 수 있는 한 해인 듯해 야놀자에게 고맙다. 또한 내년에도 냉혹한 현대사회에서 전쟁을 치르듯 살아야 한다는 것에 미안하다.

죽지 않고 견디어주는 야놀자인들에게, 전장에서 이겨내는 야놀자인들에게, 그 미안함이 결국 평온이 될 수 있다는 결과를 만드는 것이 나의 책임이자 의무이다.

2010. 12. 19. 02:27

2011년 창업 7년 차

스케일업할수록 정신 똑바로 차리자

나는 야놀자 구성원들에게 정신을 똑바로 차리고 일하라고 말한다. 그런 말을 하는 나 역시 정신을 똑바로 차리지 않으면 안 될 듯하다. 여러 가지로 1분기는 우리에게 중요한 순간이다. 그만큼 지출 압박도 매우 심한 시기가 될 것 같다. 작년 매출은 큰 폭으로 증가했다. 스스로가 대견스러울 만큼 잘 싸웠다.

하지만 그만큼 지출도 늘었다는 것을 잊어선 안 된다. 지출 고민을 하지 않고서는 2011년의 목표를 달성할 수 없다. 회사는 매출과 지출의 조화가 잘 맞지 않으면 새로운 투자를 진행할 수 없다. 투자가 위축되면 미래의 성장 동력도 떨어지기에 투자를 멈출 수는 없다. 그런데 투자 역시 지출을 동반한다. 주도면밀한 계산과 과감함 사이에서 균형을 잃지 않는 외줄 타기에 성공해야 이번 분기가 잘 마무리될 수 있을 것 같다.

몸집이 거대해질수록 위험은 커진다. 조직 확대가 뼈아픈 실책이 될 수 있다는 것을 잊지 말아야 한다. 더 튼튼한 재무구조를 만들어 위기에 대비할 수 있는 야놀자가 돼야 한다. 1분기와 함께 더 큰 성장을 위한 준비 단계가 시작됐다. 우리는 이미 시험대에 올랐다. 자만하지 말고 정신 똑바로 차려야 할 것이다.

2011. 01. 07. 02:09

3월 1일 웃을 수 있기를 바라며 2월 1일을 시작한다

2월 1일이다. 1개월도 후딱 참 빠르다. 또 한 해의 12분의 1이 흘렀고 나는 무엇을 위해 그 자리에 있었나 뒤돌아봄과 멀리 봄을 한다. 뒤돌아봄은 항상 부족한 것들과 아쉬운 것들이 꿈틀거리고 멀리 봄은 아찔한 것들과 희망이 같이 꿈틀거린다.

과거의 것과 미래의 것이 항상 상존하는 것이 현재이다. 사실 요즘 사회에서는 현재가 미래를 위해 존재하는 것이 돼버린 지 오래다. 오로지 지금의 즐거움이나 행동 혹은 느낌은 별로 중요하지 않은 것이 됐다. 미래를 위해 잠시 접어두고 달리는 일에 몰두한 것이 현재인 시간이기도 하다.

죽을 때가 돼서나 미래를 위해 달리는 일을 멈추고 과거를 회상하고 살아온 날들의 아쉬움을 정리하곤 한다. 나 또한 그런 부류의 사람에 불과하지만 하루하루가 빠르고 한 달 한 달이 빠르고 일 년이 빠른 것을 느끼는 것을 보니 이제는 어린 나이가 아닌 것은 확실해지는 것 같다.

더 이상 20대의 열정이라고 우기는 일은 그만해야 할 것 같다. 더이상 나 스스로가 20대의 마음을 가졌다고 상상하는 일조차도 무리는 아닌가 싶다. 더 멋있는 30대의 할 일들에 대해 심도 있게 매진할 때인 듯하다. 생일도 지났으니 진짜 한 살 더 먹었다. 이제 곧 떡국도 먹을 테니 한국 나이 한 살도 더 먹을 것이다. 아이 아빠가 됐으니 철은 들어야 할 것이고 나이를 먹었으니 생각의 깊이도 깊어져야 할 것이다.

2월 1일 난 이렇게 시작한다. 3월 1일 웃을 수 있기를 바라며, 1월에 못 해 아쉬운 것들, 후회하는 것들, 잘한 것들을 뒤로하고 다시 하나하나 3월을 위해 만들어가는 2월이라 생각하고 이렇게 시작한다.

2011. 02. 01. 03:12

할 수 없는 일 말고 할 수 있는 일을 하자

잠을 자자. 그리고 아침에 일어나 다시 내가 가야 할 길에 대해 곰곰이 생각하고 또 생각하자. 그것은 나에게 있어 가장 중요한 일이고 그것은 내가 가장 잘할 수 있는 일이기도 하다. 내가 할 수 없는 많은 일이 있지만 나는 할 수 없는 많은 일을 생각하기보다는 할 수 있는 단 한 가지를 믿고 그것에 대해 열성적으로 임할 것이다.

그것이 나다. 오래 걸리더라도 하나하나 끝까지 가자. 그것은 나에게 가장 큰 성공의 요인이었고 앞으로도 그럴 것이다. 나의 생각은 나를 일으키고 나를 이끌어주는 마법과도 같은 소중한 것이다. 결코 생각을 멈추면 안 된다. 생각하고 또 생각해 무엇을 해야 하는지를 알아내야 한다. 그게 나의 임무다.

2011. 02. 10. 01:51

아픔을 두려워하지 말고 성장을 선택하자

"나는 무엇으로 살 것인가?"

왜 요즘은 이 질문이 나에게서 떠나지 않는 건지……. 나의 존재감, 나의 정체성, 그리고 나의 미래에 대해 생각이 깊어지는 날이다.

무엇으로 살 것이며 어떻게 살아야 잘살았다 할 수 있는 것인가. 야놀자를 어떻게 설계해야 할 것인가. 야놀자는 미래에 어떤 모습으로 나에게 다가올 것인가. 내가 오랫동안 던져온 질문들이다.

나에게 있어 내 삶은 무엇이고 야놀자의 가치는 무엇이고 내 가족의 가치는 무엇이고 내 동료의 가치는 무엇인가? 이런 것들에 대해 나는 왜 이리도 광범위하게 생각해야만 하는지……. 결국은 모든 것이 내 인생이고 내가 겪어야 하는 과정이고 내가 책임져야 할 결과이다.

혹시라도 이런 사실에 대해 두려움을 갖고 살아가는 것은 아닌가……. 의구심이 들 때마다 마치 진통제를 투여하는 것처럼 모든 것을 할 수 있다는 전제를 만드는 것은 아닌가 싶을 때도 있다.

"나는 무엇으로 살아야 하는가?"

오직 나에게 유리한 면만 생각하려는 마음도 있지만 그게 이 자리에서는 참으로 쉽지 않다. 나 자신조차 가끔은 답을 할 수 없으니 내 자리가 허울 좋다 하는 주변인들에게 물어보고 싶다. 하지만 결국 내가 답을 내야 하고 결정해야 하는 나의 인생 아니던가. 결국 그렇다.

나를 발전 가능케 하는 말들은 내 가슴을 아프게 한다. 하지만 아픔만큼 성장은 분명히 있다. 이를 알기에 나는 아픔을 두려워하기보다는 성장이라는 미래를 택할 것이다. 유지만 해도 잘하는 것이라 하는데 성장이 없으면 유지할 수 없으니 결국 내가 택할 수 있는 것은 나를 다스리고 나를 아프게 해 자극을 주며 성장케 하는 것이다.

2011. 03. 06. 22:14

평온함을 깨고 두려움을 껴안고 시동을 걸자

평온함이 깨지면 두려움이 온다. 발전을 위해서는 평온함을 깨야 한다. 즉 두려움을 가질 생각을 해야 한다는 것이다. 내 머리는 평온함이 좋다고 하지만 내 본성이 근질근질하다며 뭔가 새로움을 추구하려 한다. 항상 나는 이 두 가지 사이에서 망설이지만 평온함을 택하기보다는 두려움이란 새로움을 택한다.

온종일 편두통에 시달린 하루다. 하는 일은 없는데 업무량이 많은 날인 듯하다. 내가 한 일은 없는데 몸과 마음과 머리가 참으로 무겁게 다가오는 날이다. 무엇 하나 결정하기가 참으로 버거운 날이다. 나는 두려움과 평온함 사이에서 갈등하고 그 갈등은 나를 항시 크게 하는 존재로 남길 원한다. 답이 금방 나올 수는 없다. 하지만 어느 쪽이든 나에게서 벗어나 훨훨 타오르는 또 하나의 존재가 되길 희망한다.

나에게 나른한 평온함보다는 거친 긴장감과 또 다른 위험에 노출시킬 수 있는 지혜로움이 존재하길 빌며 어둠 속에 어떻게 될지 모르는 미래에 한 발자국 들어선다. 왜 그렇게 해야만 하는지 모르지만 난 어쩔 수 없이 또 나의 평온함을 깨고 위험을 감수하기로 마음먹은 하루이다. 말, 생각, 행동이 씨앗을 넘어서 현실이 되는 그날 나는 과연 또 다른 위험을 감수하지 않을 수 있나? 참 어리석고 바보 같은 질문만 한다. 뻔히 알 수 있는 답을. 이왕 젊음으로 사는 것이 긴장하며 두려워하는 것도 나쁘지 않은 일상이다. 그것이 미래에 대한 준비이기에 나 스스로에 대해 시동을 걸자.

2011. 03. 16. 01:12

지금 지나친 1분의 소중함을 모를 때가 많다

헛되게 살지 않기를 바라는 마음과 그것을 지키지 못하는 어리석음은 항시 같이 존재한다. 지나간 것을 돌이킬 수 없고 다가올 것을 알 수는 없다. 당장 1분 후의 미래도 모르는 것이 현실이고 지금 지나친 1분의 소중함을 모를 때도 많다. 시간은 무한히 주어진 것이 아닌데 무한히 존재하는 것처럼 느끼며 살고 그렇기에 헛되게 살아가는 것이 얼마나 부끄럽고 의미 없는지는 모른다.

나에게 주문하고 나에게 행동하라고 재촉한다. 하지만 그건 잠시의 약속인 양 온통 백지가 된 머리로 세상을 살아가는 것 같아 참으로 마음이 무겁다. 내가 나의 미래에 대해 모르고 과거에 대해 후회하고 현재에 대해 게으르고 그렇게 시간은 흐르고, 결국 나에게 남는 것은 없더라고 말하는…… 그런 삶을 살지는 말자.

2011. 05. 11. 00:21

오늘 하는 것들이 씨앗이 되어 내일을 만든다

"하나 다음에는 둘이고 둘 다음에는 셋이고 셋 다음에는 넷이다. 넷 다음에는……?"

무엇인가를 끝내고 나면 또 다른 파생되는 것들이 줄줄이 있고 양 또한 많다. 그렇기에 내가 다 할 수 없고 누군가 그 일에 제격인 사람을 찾아 그 일을 하도록 해야 한다. 그건 오너만의 문제가 아니라 각 팀의 운영형태 그리고 모든 사회의 조직과도 연관돼 있다.

하나만 끝나면 될 줄 알았지만 하나를 할 수 있다면 둘이 생겨 두 가지를 끝내야 하고 그것이 끝나면 다시 셋이 된다. 발전이란 이렇게 그 수가 점점 늘어나는 것이다. 그리고 결국 그것을 얼마나 잘 수행하고 끝을 낼 수 있는가에 따라, 더 발전하느냐에 따라, 혹은 제자리걸음을 하느냐에 따라 판가름 된다. 나에게 벌어지는 모든 일은 내가 과거에 해왔던 작은 것들, 즉 씨앗이 점점 자라난 것이고 이제는 해야 하는 것들이 된 것이다.

결국 그것에 종지부를 찍고 또 다른 길이든 혹은 더 좋은 길이든 어떤 길이든 찾아야 하는 것도 나라는 존재이다. 늘 말했듯이 오늘이 결국 내일의 씨앗이니. 그것이 참으로 어려운 과제임은 틀림없지만. 이왕지사 살아가는 날들 끌려다니기보다는 끌고 나가는 편이 차라리 더 지혜로운 것이다.

2011. 06. 14. 00:31

어디까지 갈지 모르지만 속도를 낼 것이다

속도가 점점 느려지고 있다는 것을 알면서도 무거운 것들을 집어던지지 못하고 되레 더 무거운 짐들을 움켜쥐고 있다. 그러면서 직원들에게는 더욱 속도를 내라고 말한다. 나는 모든 것이 다 중요하다고 말하는 무책임한 사람이 됐다. 모든 것이 다 중요하다는 것은 결국 하나도 중요하지 않다는 의미임을 알면서도.

나는 회사를 대표하는 사람이다. 과연 지금의 상황에서 무엇을 해야 하는지 명확한 기준과 방향성을 가지고 있는 것인가. 몸집이 점점 커지는 회사. 컨트롤 박스가 고장 난 회사. 성장 속도가 느려지고 회복할 방법을 못 찾은 회사. 2011년을 지나는 지금 야놀자는 과연 어떠한 상태인가.

사람들은 묻는다. 이미 충분하지 않느냐고. 왜? 얼마나 더 하려고 그러는 것이냐고. 하지만 난 만족하지 않는다. 단지 돈을 위해서 일했다면 벌써 멈췄을 것이다. 그런데 난 멈출 마음이 없다. 속도가 굼벵이처럼 느려진 야놀자를 확 깨우고 다시금 속도를 높여 운전대를 잡고 싶다. 야놀자가 어디까지 갈지 나 역시 모르지만 결국 방법을 찾아 다시 속도를 낼 것이다. 하지만 무엇으로? 어떻게? 아마 답을 찾기까진 시간이 걸릴 것 같다. 좀 더 고민하자. 늘 그래왔던 것처럼 이 고비만 넘기면 나는 반드시 해답을 찾을 것이다.

2011. 07. 26. 00:55

한 번 성공이 아닌 지속 성공이 진정한 성공이다

때론 눈앞의 결과를 보고 달리곤 한다. 하지만 결과를 만들어냈다 해도 그것이 끝은 아니다. 좋든 나쁘든 어떤 결과가 만들어진 후에는 원점으로 되돌아와 또 다른 결과를 향해 나아가야 한다. 그것이 인생이다.

나는 한 번의 성공으로도 그것이 성공이라 불릴 줄 알았지만 결국 죽는 날까지 유지되는 성공이어야만 진정한 성공이라는 것을 조금씩 알아가고 있다. 이래저래 흘러온 시간 속에 무언가를 이루었다고 하지만 결코 그것이 전부는 아니라고 생각한다. 지금의 성공은 남들과 비교해 좋은 기회에 대한 장을 열고 시작점을 좀 더 탄탄하게 만든 것으로 생각한다.

오늘이 끝이 아니다. 내일은 또 다른 내일을 위해 승부해야만 먹고 살 수 있다는 것을 이해해주길 바란다. 오늘은 그냥 성공이라는 것에 결말이 있을까 싶어 몇 자 남긴다.

2011. 09. 11. 01:55

연말이 되면 벅차기도 하고 두렵기도 하다

삶을 산다는 것은 과거의 것들에 대해 순종하거나 혹은 미래에 대해 희망을 품거나 하는 것들이 모여 나이를 먹게 하고 살아가는 이유를 만드는지도 모르겠다. 연말이 되면 가슴이 벅차기도 하고 한편으로는 두렵기도 하다.

무엇으로 살아야 하는가를 생각해야 하고 잘살았는가를 생각하기도 해야 한다. 그런 생각들 앞에 얼마나 떳떳할 수 있느냐가 결국 삶을 잘 살았는지에 대한 스스로의 잣대가 될 것이다. 나는 어떠한가. 마음이 시릴 때나 생각이 들뜰 때 어떠한가. 누구의 판단도 아닌 나에게 나 스스로 얼마나 잘 먹고 잘살고 있는지, 생각의 깊이가 얼마나 되는지 한 해를 마무리하는 이맘때면 항상 이렇듯 혼자만의 고민에 빠지곤 한다.

다음 해는 무엇으로 살아갈 것인지. 그리고 그다음은 그것을 생각 없이 흘려보내기에는 너무도 많이 왔기에 결국 머릿속 온통 과거와 미래라는 것을 가지고 사는 수밖에 없는 꼴이 돼 간다. 하지만 결국 나는 내 인생에 나를 세우고 싶다. 가정도 회사도 내 인생도 모두가 만족할 수는 없지만 그래도 결국 나에게 나를 남기는 일을 멈추기는 싫다. 그래서 오늘도 고민해야 하는 것이다. 무엇이 나를 만들 것인지를.

2011. 12. 30

2012년 창업 8년 차

이제 단발성이 아닌 장기적인 그림을 그릴 때다

언제나 새로운 것에 대한 설렘이 존재하게 마련이다. 한 해가 지고 한 해가 떴다. 내 머릿속에는 온전히 무엇인가를 새로 만들겠다는 다짐보다는 현재 가지고 있는 것들에 대해 완성도를 어찌하면 높일 수 있을까 하는 궁금증들로 가득 차 있어 새로운 것보다는 기존의 것에 대한 열정을 다시금 가질 수 있는 한 해가 되길 기원하고 있다. 모든 것이 새로운 것 같지만 결코 그 새로움만을 추구할 수 없는 현실이 인생이란 것 아닌가. 그렇게 완성을 위해 하나둘 늙어가는 모습은 아닐는지 하는 생각도 든다.

다만 그 인생에서 이제는 단발성이 아니라 장기적인 그림을 그릴 때가 된 듯해 나이가 들어간다는 것이 꼭 서운함보다는 스스로 잘 조절하고 변화할 수 있는 모습을 간직해야 한다는 것을 깨달아가는 중인 듯하다. 2011년 많은 일이 있었다. 이제는 그것을 마무리하고 성장시키는 것이 나의 문제로 남을 것이다. 그건 나에게 있어 또 다른 도전일 것이고 야놀자에 있어 안정이라는 울타리를 튼튼하게 만드는 요소가 될 것이다. 다시금 희망을 노래하며 달려보자.

2012. 01. 02. 07:55

해마다 겨울이 지난 3월은 전쟁에 나가는 것 같다

겨울이 지나고 어느덧 3월이 찾아왔다. 해마다 3월은 늘 전쟁처럼 지내곤 했다. 2012년의 3월은 어떨지 자못 궁금해진다. 야놀자가 7주년이 됐다. 7년이란 시간 동안 내 모습과 마음은 많이 변했다. 야놀자에도 많은 변화가 있었다. 이런 긍정적인 변화에 늘 감사한다. 하루가 모여 지금의 내 모습이 됐고 노력했던 것들의 결과가 야놀자에 나타나고 있다. 아직 완성이란 단어가 어울리지 않는 미성숙한 상태지만 조금 더 열정을 가지고 오늘을 채워나간다면 10주년, 20주년, 100주년까지 맞이할 수 있으리라 믿는다.

가자.

달리자.

열정을 가슴에 담고.

그렇게 달리다 보면 야놀자의 미래도 확고해질 것이다.

2012. 03. 02. 12:49

0에서 다시 차근차근 더하고 더해가자

하늘 참 맑다. 더위는 오고 있지만 머릿속에는 어느새 가을과 겨울인 듯하다. 그렇게 빠르게 흐른다. 무엇인가 하나쯤은 잡아줘야 할 시기인 듯도 하다. 정신없이 지낸다는 것은 좋은 일이기도 하지만 다르게 말해 많은 것을 쉽게 보낸다는 뜻일지도 모른다. 0에서 다시 시작하는 마음으로 무엇인가를 행하고 생각해야 할 것 같다. 그렇게 0에서 다시 하나하나를 더해 나가는 작업을 해야 탈이 없다.

여름 하늘이 가을 하늘처럼 참으로 청명하다. 그런 날에 잠시 뒤돌아보고 미래를 그려볼 수 있어 좋다. 딱 거기까지이다. 지금 가진 것들이 구석구석 이리저리 방황하고 있다면 꽉 조일 수 있는 나만의 정신 집중을 발휘해야 할 그런 날들로 2012년 나머지 날들을 가져가 보도록 하자. 공부를 게을리했다면 부지런히 다시금 기름칠하며 무엇인가 돌파구를 마련하도록 하자. 이 느슨함에 생각을 집어넣어 빈틈이 없게……

2012. 06. 27. 13:54

'나'란 존재를 '초심'에게 가져다줄 것이다

오래간만에 글을 쓴다. 한 달을 넘게 어찌 산 것인지 간간이 남기던 글도 잊은 것인가 싶을 정도로 글이 없었네. 때로는 행복하게 때로는 불행하게. 어찌하다가는 걱정스럽게 어찌하다가는 희망차게.

나는 여러 가지 것들이 상존하는 이 현실에 툭 하고 튀어나오는 것들에게서 감명받고 생각에 잠기고 행동을 하곤 한다. 늘 한결같으면 얼마나 쉬울까 하는 생각이 들기도 한다. 하지만 늘 한결같다면 얼마나 지루할까 하는 생각이 있기도 하다.

"요즘은 어때?"라고 묻는다. 나는 어떨까 곰곰이 생각한다. 가을이고 한 해 농사를 뒤돌아보는 시기이고, 내년 농사를 걱정하는 시기이기도 하다. 다들 나에게 돈이 많다고 하지만 정작 매일같이 돈 걱정도 하고 건강 생각도 하고 매일 놀고 싶고 때때로 회사를 땡땡이치고 싶기도 하고 조직개편이란 커다란 숙제도 있고 안 되는 영어도 해야 하고.

그보다도 더 큰 것은 '나'란 존재를 '초심'이란 놈에게 가져다줘야 하는데. 요즘 이런 생각과 이런 행동으로 산다. 큰바람이 지나가고 나니 사실 이것저것 너무도 시시하게 느껴지는 간이 부어버린 내 모습은 아닐는지라는 생각. 그래서 간 부기가 빠지길 기다리는데 영 빠질 생각은 안 하고 이러고 있다. 오늘은 쉽게 글 속에서도 답을 찾을 수 없으니 그냥 이것으로 마무리. 다음 글에는 답 좀 찾자.

아마도 점점 심각해지는 글이 되겠지. 10월은……

2012. 10. 08. 00:36

남들보다 먼저 스스로를 아는 것은 중요하다

누구나 살면서 우선시해야 하는 것 중 하나가 자기관리다. 하물며 리더에게는 더욱 그렇다. 리더는 자기 스스로에게도 견제를 당하지만 다른 사람들에게도 견제를 당하는 때가 많다. 나는 견제라는 것을 결코 나쁜 뜻으로만 해석하지는 않는다. 타인으로부터의 견제, 나 스스로의 견제는 나를 바로 세울 수 있는 중심이 되기도 한다.

우리는 머리로 판단하기보다는 마음의 판단에 따라 행동할 때가 많다. 나 스스로에게 나의 마음은 가장 위에 있기 때문이다. 하지만 다행히 누군가가 나의 마음을 알아차리기 이전에 스스로를 먼저 감지한다. 남들보다 먼저 '스스로를 안다'는 것은 얼마나 값진 선물인가. 곰곰이 생각해보면 가장 먼저 나를 알 수 있다는 것은 나에게 가장 유리한 곳을 점할 수 있는 장점이라는 것을 알 수 있다. 하지만 우리는 그 유리한 측면을 잘 이용하지 못할 때가 많다.

내가 아는 것은 조금만 지나면 다른 사람이 알 수 있는 것이고 나만 아는 것 같지만 결국은 다 알게 된다는 진리를 잊고 지내는 듯하다. 리더이든, 리더가 아니든 상관없이 나는 누군가에게 노출돼 살아간다. 함께 살아간다는 것은 결국 나의 행동, 말투, 형태, 하는 일, 그리고 생각, 그 이전에 마음을 함께 공유할 수밖에 없는 상황을 만든다. 그것이 우리가 사는 현실 아닌가? 사장으로 살아가는 동안은 더욱 심하다. 나 자신만을 위해 삶을 컨트롤한다면 주변 사람들이 사장으로서 설 자리를 내주지 않는 것이 현실이다.

사장이 돈만 있으면 되는 것 아닌가 하는 사람도 있을 수 있고 사장이 월급 주는데 뭐가 더 필요하냐는 사람도 있을 수 있다. 나는 묻고 싶다. 돈이 있고 직위가 사장이고 월급을 주는 사람으로 인식되는 것이 사장인가? 그런 사람은 사장이 아니다. 사장은 자신을 보여줘야 하고 자신을 검증받아야 하고 자신의 존재 이유를 바로 알아야 한다. 자신을 숨기고 남만 검증하려 하고 자신을 월급 주는 사람으로 착각한다면 그 집단에서 살지 못할 것 같다. 적어도 내가 생각하는 사장에 대한 관념은 그러하다. 내가 생각하는 인생은 그러하다.

남들이 알기 이전에 나 스스로가 나를 먼저 알고 나 자신을 속일 수 있다. 하지만 사람의 마음은 나약하고 잘 휩쓸린다. 나 자신에 관한 관리를 지속적으로 체크하고 남들에게 비치는 모습 이전에 스스로에게 비치는 나를 바로 해야 나 자신에게 당당할 수 있는 것 아니겠는가? 우리는 도인이 아니다. 신도 아니다. 무조건 모든 것에 100퍼센트 만족해서 살아갈 수는 없다.

나도 그렇고 모든 사람이 다 그렇다. 하지만 자신이 생각하는 가장 소중한 것에는 100퍼센트에 가깝게 임해야 하지 않겠는가? 적어도 사람마다 가장 소중하게 여기는 것들은 있을 것이다. 하나부터 열까지 모든 것에 대해 전부 만족하는 삶을 살아야 한다는 것은 삶을 살지 말라 하는 것과 뭐가 다르겠는가. 도인이 되기도 싫고 신이 되기도 싫다. 난 평범하게 행복하고 싶다. 하지만 적어도 야놀자에서 나는 평범할 수가 없다. 그들의 리더로서 행동해야 하고 말해야 하고 비전을 공유해야 하기 때문이다. 그런 사람이 된 것은 오로지 내 판단이고 내가 원한 것이고 나에게는 가장 값지고 소중한 일이다. 그렇기에 내가 되고자 하는 나의 모습은 너무도 중요하다.

나를 바라보는 눈이나, 내 말을 듣는 귀나, 나를 이야기하는 입, 나를 생각하는 마음, 나의 비전이 뭔지 고민하는 머리. 이런 것들은 내 주위의 야놀자 가족들을 넘어 야놀자의 협력사와 야놀자 고객들에게까지 존재한다. 그러니 그것을 원하지 않는다면 간단하다. 그냥 돈 있는 사람으로, 주주로만 남아 있으면 된다. 하지만 나는 야놀자의 사장직을 맡고 있으며 나 스스로 그런 상황에 있기 위해 노력해왔다. 이제는 내 행동 하나가 야놀자가 되고 내 행동 하나가 나를 대표하는 것이 아니라 야놀자의 구성원을 대표하는 상황이 됐다. 적어도 야놀자에 있는 동안 내 모습은 나로 인해 나오지만 그 결과는 야놀자 전체에게 나타난다. 어떻게 자기관리를 하지 않을 수 있겠는가.

나 자신에게는 욕심이 굉장히 중요하다. 당장 욕심이 나를 채우는 듯하고 모든 것에 대해 나를 우선시하려는 것이 사람의 마음이다. 나 또한 그런 사람이다. 다만 회사경영을 10년 넘게 해오면서 그 욕심이 나에게 당장은 도움이 될지언정 야놀자에게는 도움이 되지 못하고 결국 언젠가는 나에게 돌아오는 화살이 된다는 것을 깨닫게 됐다. 그래서인지 나는 욕심이 생기거나 스스로 무너지려 할 때 질책하고 바로잡으려 애쓰는 삶을 살아왔다.

그렇다고 지금은 바로 선 사람일까? 아니다. 지금도 흔들리고 정신줄을 놓고 자기관리가 되지 않을 때가 참 많다. 바로 서고 행하는 것이 이리도 어려운 과제다. 늘 그 과제를 풀기 위해 고민도 하고 때로는 모든 것이 귀찮아 땡땡이치며 놀기도 한다. 하지만 결국 내가 가지고 싶은 마음이 무엇인지 알기 위해 다시 스스로 나를 인지하는 과정을 반복하는 것이 아닌가 싶다.

자기관리라는 것을 100퍼센트 완벽하게 하려 하지 말자. 피곤해진다. 삶이 지친다. 다만 내가 하고 싶은 말은 적어도 자신에게 과도한 욕심이 생길 때, 너무도 나태해진 모습이 들어설 때, 삶의 리듬이 고무줄처럼 늘어지거나 너무 당겨져서 끊어질까 초긴장이 되는 상황을 만들지는 말자는 것이다. 당길 때와 놓 때를 시의적절하게 알아간다면 적어도 방향성은 잃지 않고 갈 수 있다.

꼭 사업하지 않더라도 자기관리는 필수이다. 마음이 흐트러지면 어떤 것을 하든 집중이 되지 않는다. 몸이 건강하지 못하면 아무것도 할 수가 없고 자기가 하는 일에 지식이 없다면 인정을 받지 못하고 같이 살아갈 사람이 없다면 외롭기에 결국 자기관리는 자기가 행복한 삶을 살아가는 아주 원초적인 바탕이다.

요즘 나는 잘하고 있는가? 적어도 삶의 중간에 잘하고 있는지 스스로에게 체크할 수 있는 사람이 돼 사람답게 살기를 나에게도 우리에게도 빈다.

한 해가 끝나는 곳에는 꼭 새해가 붙어 있다

대뜸 궁금하고 미칠 지경으로 서 있는 날. 내 삶이 결국 더 살아봐야 어찌 살았는지 답이 나오니 점술가가 되려 하지 말고 예언가가 되려 하지 말고 결국은 또 살아야 하지 않겠는가. 시작과 끝이 다르다. 하지만 결국 한 해가 끝나는 곳에 새해가 붙어 있으니 시작과 끝이 연결되어 있음을. 나 또한 시간이라는 원을 그리며 사는 인간이라는 존재이니 결국 무엇이 행복한 삶을 만들어줄지를 잘 생각하자.

욕망과 욕심을 잘 다스려야 한다. 욕망과 욕심에 행복이라는 여유가 점점 시들어 삶이 오로지 욕망과 욕심이라는 것이 되지 않을까 우려스럽다. 돈이 많은데 돈 때문에 걱정하는 그런 불상사와 그런 이기심과 잘못된 정신이 없기를 기원한다. 삶을 살아가는 길이 무엇인지를 잊지 않기를 바란다. 어떻게 살 것인가? 무엇으로 살 것인가를 생각하는 현인이기를.

2012. 12. 24.

2013년 창업 9년 차

인생은 두 번도 세 번도 아닌 한 번뿐이다

우리는 아주 작은 것부터 큰 것에 이르기까지 많은 선택을 하며 산다. 선택당하든 선택하든, 결국 그것이 모두 남의 것이 아니라 스스로의 것이라 믿어야 잘산다. 누군가의 선택을 기다리거나 강요당하거나 하는 것이 아니라 나에게 권한이 있었으면 한다. 내가 선택을 하러 다니는 모양새가 더 좋지 않은가. 사랑이든, 일이든, 삶이든, 건강이든, 시간이든, 인간관계든.

하지만 많은 사람이 너무도 쉽게 선택의 우선권을 포기한다. 본인 스스로의 유리한 측면을 아주 작은 생각의 실수로 가져갈 수 없게 만든다. 길들어 그것이 운명이라 믿고, 선택하는 입장보다는 선택받는 입장에서 삶을 살아가는 게 편하다고 말한다. 정말 그러한

가. 물론 선택이라는 것은 힘이 든다. 그에 대한 책임과 의무가 무한히 주어지기 때문이다.

하지만 인생이 두 번이더냐, 세 번이더냐. 결국 지금 이 순간은 오로지 한 번 아닌가. 갈망하고 고뇌하고 생각을 끝없이 해야 한다. 그래서 결국 무한책임과 의무에 대한 걱정과 현실을 격렬하게 받아들이고 앞으로 나아가야 하지 않겠는가. 항상 생각한다. 누구나 다 성공을 꿈꾸지만 누구나 다 성공하지는 못한다는 말. 본인 스스로가 선택하는 삶을 살기 위해 사소한 것 하나까지도 순간의 감정을 참아내고 인내해야 하는 것, 즉 당장 달콤한 것을 참아낼 수 있는 것. 그것이 선택의 시작이 될 것이다.

나는 어떠한가. 아직 멀었다. 선택의 순간에 달콤한 것에 대한 유혹을 인내하지 못할 때가 너무도 많다. 하지만 적어도 51퍼센트의 인내는 보여줘야 하지 않겠는가. 절반이 넘게 인내한다면 적어도 절반의 인생은 성공한 인생이 될 것이라 확신한다. 얼마만큼 스스로가 선택할 의지가 있는가. 그리고 그 의지를 실행으로 옮기는가 하는 것이 결국 본인 인생의 자주권을 행사하며 사는 길 아닌가 싶다.

나는 나에게 혹독한 사람이 돼 인생의 성공을 해야 하고 남에게 여유로운 사람이 돼 인생의 아름다움을 가져야 하고 가족에게 사랑스러운 사람이 돼 인생의 정을 가지며 살기를 꿈꾼다. 이 모든 것에 절반인 51퍼센트를 유지하는 게 나의 삶의 목표가 된다면 많아도 49퍼센트만 후회하면 된다. 결국 선택하는 자가 선택을 받는다.

2013. 02. 15. 09:48

이제 내가 아닌 우리를 강하게 만들어야 한다

3월의 첫 시작 월요일이다. 늘 3월의 시작은 회사의 창립 시기가 생각나곤 한다. 그때는 어려운 시절이라 오로지 꿈만 가지고 살았던 때다. 무엇으로 살 것인가? 나를 어떤 존재로 만들 것인가? 어떻게 살아가는 것이 좋을까? 이런 질문에 아무것도 대답하지 못하며 지냈던 날들이 8년 전 3월이었다. 앞은 아무것도 보이지 않았으며 회사를 어떻게 운영해야 하는지도 몰랐고 신규 사원을 채용하고 싶었지만 사람들은 우리 회사를 기피했다. 그리고 8년이 지난 지금 나는 어떠한가. 무엇으로 살지도 대충은 아는 듯하고 어떤 존재로 살아가야 할지도 그리기 시작했다. 그리고 어떻게 해야 하는가도 이제 슬슬 감이 오기 시작한다. 다행이다. 8년 전의 모습에서 아무것도 달라지지 않고 오로지 남을 의식하고 남을 탓하며 세상을 바보스럽다고 이야기하지 않으니 정말 다행이다 싶다.

앞으로의 나의 모습과 생활 그리고 내 주변의 모든 것들에 대한 시각. 나는 사실 그것이 더욱더 고민이고 무서운 존재는 아닐는지 생각을 한다. 나 홀로의 힘으로는 채워지지 않는 수많은 것들이 존재하게 됐다. 오로지 나만 잘하면 되던 시절은 가고 나만 할 수 있다는 오만은 멀리 사라진 지 오래다.

　이제는 내가 할 수 없는 일들이 내가 할 줄 아는 일들보다 더욱 많아졌다. 야놀자의 운명은 나 하나로 결정이 내려지고 또한 미래가 보장되지 않는다는 말이다. 오로지 오너의 습성과 오너의 생각에 의해 달라지거나 미래가 열리는 그런 날들은 이제 존재하지 않는다. 오로지 같이 생각하고 같이 만들어가야 하는 몸이 된 것이다. 이 덩어리를 컨트롤할 수 있는 사람들은 결국 각자의 위치에 서 있는 스스로들이라는 것을 인지하고 내가 할 수 있는 일이 무엇인지 정확히 파악해야 함이 지금의 현실 아닌가.

　8주년이 된 야놀자. 8년 전의 시간에는 미래보다는 하루하루 살아가는 것이 너무도 힘든 날이었지만 이제는 우리라는 운명체의 미래를 걱정하고 또 다른 미래를 위해 같이해나가야 할 길을 모색해야 하는 기간이 된 시점인 듯하다. '무엇이 나를 강하게 만들까'라기보다는 '무엇이 우리 야놀자를 강하게 만들까'라는 의구심으로 다시 또 야놀자의 생명에 성장이라는 선물을 하고 싶다.

　2013. 03. 04. 15:12

두려울수록 나빠질수록 의지가 샘솟는다

나는 배고픔이 커질수록 더욱 살기 위해 노력한다. 두려움이 강할수록, 외로움이 밀려올수록, 상황이 나빠질수록 더욱더 강하게 살아야겠다는 의지가 샘솟는다. 그런데 오늘은 아마도 그런 날인가 보다. 오늘 같은 날은 열정을 말하고 싶다. 얼마나 잘살고 있는가를 생각하는 것이 아니라, 얼마나 잘살아왔는가를 돌아보는 것이 아니라, 오로지 얼마나 생동감 있는 열정을 가지고 행동하는가에 집중해야한다. 그것이 아직 남아 있는 내 젊음에 대한 최소한의 예의라고 생각한다.

미래는 반드시 찾아온다. 어떤 모습의 미래를 선택할 것인가, 현재가 미래를 만드는 과정이란 사실을 잊지 말자.

2013. 03. 27. 01:18

내가 모든 것의 중심이라고 우기지 말자

시간이 빠르게 흐르기를 바란 적이 있었다. 참으로 어리고 못났던 시절. 시간이 흐르면 좀 나아지려나 하는 마음에서 참아야만 했던 날들을 빨리도 벗어나고 싶었나 보다. 요즘 그날들을 생각하니 내가 참 출세했구나 싶다. 좋은 차에, 좋은 옷에, 좋은 직장에 그것도 오너로서. 돈이라는 것이 문제가 아니라 적어도 한겨울에 차가운 물에 세수할 염려는 안 해도 되고 한겨울에 연탄을 갈기 위해 새벽에 일어나지 않아도 되지 않은가.

차가운 물, 연탄 한 장. 다른 나라 이야기 같겠지만 나는 정말 그랬다. 아무것도 없던 내 몸뚱이 하나가 유일한 재산이면서도 그 몸뚱이를 마구 굴리며 살았다. 배고픔의 시간이 훌쩍 흘러가서 좀 나아진 삶이 되기를 간절히 바라지 않았던가. 살아온 날들을 돌이켜보니 결국 이렇게 사장질을 할 수 있었던 이유는 딱 한 가지 아닌가.

신뢰. 나 스스로에게, 거래처에게, 주변인에게 신뢰로 대했다. 물론 그들이 다 만족하지는 않지만……. 나에게는 보편타당한 신뢰가 늘 존재했고 최소한 일반적인 관점을 벗어난 욕심을 부리지는 않았다. 서로 믿는 방향으로 달렸다는 것은 나 스스로 아는 것 아닌가. 때로는 손해를 보더라도.

오늘날 이수진은 참 출세했다. 그런데 사람들은 출세한 이수진만 바라본다. 어려움을 뚫고 지나온 과정 속의 이수진을 바라보는 사람은 없다. 출세라는 게 이래서 좋구나 싶다. 하지만 결국 나 이수진이라는 사람은 다가온 날들에 대한 허식보다는 다가올 날들에 대한 진심이 필요한 것 아닌가. 갑자기 그런 생각이 들었다. 출세했다. 그런데 그 출세란 게 언제까지인가. 그래서 나는 느낀다. 결코 내가 모든 것의 중심이라고 우기지는 말자고.

2013. 06. 06. 02:13

열정이란 포기하지 않는 고귀함이 있어야 한다

청춘의 열정은 '객기'가 반이다. 아니, 대다수가 객기다. 사실 청춘은 지랄이다. 열정적으로 지랄을 떨기 때문이다. 요즘은 안 그런가? 적어도 나 때는 그랬다. 객기라고들 표현하는데…… 열정이란 포기하지 않는 고귀함이 있어야 한다. 그 포기하지 않는 것을 열렬하게 계속 행동해야 한다. 그런데 청춘의 열정은 너무도 쉽게 포기하니 객기라는 말이 가끔 혹은 자주 쓰인다. 객기가 될지, 열정이 될지는 누군가, 아니 결국은 스스로 느낄 때 비로소 아름다운 청춘의 열정이 된다.

부자가 되고 싶다. 하지만 부자를 포기한다. 요즘은 조금 덜한가? 부자 열기로 온 나라가 정말이지 왕성한(?) 활동, 전략, 전술을 펼친 때가 있었다. 그런데 사회가 너무 대기업에만 기회를 주니 한때 부자보다는 좋은 직장에 대한 갈망으로 스펙을 외쳐댔다. 그런데 요즘은 대기업의 채용 기준 1순위가 '인성'이란다.

부자가 되고 싶지만, 너무 먼 감이 있어 부자라는 말을 입 밖에 꺼내지도 않고 오로지 대기업 입사에만 열렬히 열중한다. 그리고 열정을 가진 청춘이라 말한다. 부자가 되고 싶은 청춘이 많은 나라가 성공한다. 그리고 그런 기회를 줄 수 있는 나라가 부강하다. 우리 야놀자도 부자가 되고 싶은 젊은 생각이 성공하게 하고 싶고 그런 젊음에 기회를 줄 수 있는 회사가 돼 부강해지고 싶다.

행복이 우선이다. 다들 각자 행복이 우선이라고 말한다. 혹은 사랑이 우선이라고. 그런데 그 우선적인 것은 한순간이라고 감히 말하겠다. 뭐로 행복해질 건가? 수도원에 가서 수행하지 않는 이상 결국은 사회 구성원으로 살아야 한다. 또한 현대사회의 대부분은 자본주의라는 것을 채택(자연스럽게 형성됐지만 채택이라 말한다)해 살고 있다.

밀림 속의 부족이건, 잘사는 미국이건, 누군가는 부강하고 누군가는 가난하다. 그리고 누군가는 행복하고 누군가는 불행을 느낀다. 꼭 그렇다고 할 수는 없지만, 행복 유지와 사랑 유지를 위해 어떤 쪽이 더 유리한 조건인가를 생각해볼 문제이다. 무조건 거부반응을 보일 것이 아니라 객관적으로 과연 무엇이 우리의 행복과 사랑을 지속시켜줄 수 있는지를 말이다.

객기가 되지 않으려면 열렬히 포기하지 않는 열정이 내 안에 있는지 냉정하게 스스로를 평가하자.

2013. 07. 16. 00:24

남이 아닌 내가 스스로를 인정할 수 있게 하자

삶의 깊이를 아는 것도 아니다. 그렇다고 청춘이 팔팔해 그것만 믿고 지랄할 수 있는 나이도 아니다. 아이가 일곱 살과 네 살인 아빠. 아빠로서 한참을 더 가야 할 나이이다. 사랑이 어쩌고저쩌고할 나이도 아니고 새롭게 무엇을 시작하기에는 가지고 가야 할 것이 어중간하게 있는 나이이다. 모든 것을 짊어지고 가기도 어렵고 그렇다고 모든 것을 내려놓기에도 아직 갈 길이 먼 나이이다.

항상 빙빙 돌고 도는 인생처럼 하루를 살아가는 그런 나이가 지금쯤인가 싶다. 아직 절반도 채 오지 못한 인생에 많은 것을 가지고 살고 있다. 그리고 그 가진 것의 값어치를 더욱 크게 하려고 달리고 있다. 그런데 가끔은 그것에 대해 '왜?'라는 질문을 하곤 한다. '과연 왜?' 지나간 날들이 청춘이었던 것처럼 내일보다는 오늘이 더 청춘인데……. 나는 과연 죽기 위해 사는 건가? 아니면 살기 위해 사는 건가? 사람은 다 죽는다. 하지만 다 죽기 싫어한다. 간혹 죽기를 바라는 사람들도 있지만, 대부분은 죽긴 죽되 지금 이 순간 죽고 싶어 하지는 않는다. 그럼 나는 어떤 삶을 살고 죽어야 과연 잘살다가 죽었다 할 수 있을까?

내 나이에 앞도 뒤도 막힌 듯한 그런 기분이 들 때는 오로지 열정으로 달리면 된다. 무엇을 얻으려 하지 말고 하루하루 달리다 보면 좀 더 여유가 있는 나이에는 결국 스스로 살펴볼 그런 날들도 있을 것이다. 뚜렷한 관점을 가지고 "지금 잘살고 있다. 지금껏 잘살았다."
라는 답을 스스로에 줄 수 있지 않을까 생각한다. 무엇을 위해 살고
있는지에 대한 궁금증보다 더 우선 돼야 하는 것이 있다. 내 영혼이
결국 나의 편이 될 수 있으면 되는 것 아닌가 싶다. 미친놈처럼, 지랄
같은 사람처럼 살아도 결국 내가 나를 인정할 수 있게 하는 것이 나
의 목표여야 한다.

　내 인생을 남에게 인정받는 것이 목표가 아니라 나에게 인정받을
수 있기를 바라며 뭘 해도 어정쩡한 나이에 세월을 더해 하나하나
해나가다 보면 잘한 것과 못한 것이 모여 결국 '결과'라는 것이 나타
날 것이다. 그러다 보면 나 스스로에 넌 잘살았다, 못살았다 판결을
주겠지.

　아침. 달리고 나니 머리가 상쾌하다. 이 상쾌한 기분에는 역시 머
리가 잘 돌아간다. 요 며칠 고민하던 내 인생이라는 주제를 이쯤에
서 덜고 다시금 달려보자. 답을 내기에는 아직 어정쩡한 나이라는
것이 결론이다. 그래서 그냥 더 달려봐야 답이 나올 듯하다.

　2013. 08. 11. 08:56

시간을 괴물이 아닌 우리 편으로 만들자

어느덧 2013년을 정리하고 2014년을 준비해야 하는 시기가 왔다. 시간은 이렇게 빠르게 가는데 과연 우리 편인지 아니면 우리를 잡아먹을 거대한 괴물인지는 전혀 알 길이 없다. 결국 우리의 편 혹은 괴물일지라도 대비는 해야 하지 않는가. 우리에게 유리한 측면이 되길 간절히 바라면서. 그래서 나는 또다시 이 시기에 판단이라는 것을 해야 한다. 나의 생각 하나가 우리 조직의 미래가 되는 시초가 될 수 있으니 이건 미친 척하고 즐길 문제는 아닌 듯하다.

2014년이 있어야 마침내 2015년이 온다. 지금 나의 머리는 2013년을 넘어 결국은 또다시 2014년이 되고 있다. '2014년 우리의 과제는 무엇인가?' '우리가 해야 할 것들은 무엇인가?'라는 질문으로 결국 이번 송년까지 머릿속이 꽉 채워질 듯하다. 이번에도 결국 생각에서 답이 얻어지길 바란다. 열심히 생각해보자.

2013. 09. 12. 14:30

*

이 시기에 나는 흔들리기 시작했다. 이 시기에 나의 무능력에서 2014년 대표이사를 떠나는 계기가 비롯되기 시작하였다. 조직은 무거웠고 내가 그 조직을 이끌 자신도 또 능력도 한계가 왔다고 생각하던 때다.

지금의 선택 기준을 미래에 두어야 한다

살면서 늘 선택해야 하는 일들이 생긴다. 선택이라는 것은 너무
도 쉬운 것부터 무척이나 어려운 것까지 다양하게 존재한다. 나는
일상의 작은 선택부터 인생을 뒤바꿀 수 있는 큰 선택까지 늘 그 속
에서 살아간다.

'과연 오늘은 선택을 잘했는가?'

아주 어릴 적부터 선택이라는 것에는 책임이 따른다는 것을 알면
서도 미래가치를 우선하기보다는 현재의 편안함을 추구하는 선택을
하는 건 아닌가 싶을 때가 있다. 당장 조금 편하자고 먼 미래에 다가
올 많은 사건을 그저 걱정이라는 막연함으로 실패할 확률이 높은 선
택을 하는 건 아닌가. 늘 뒤돌아보고 반성해야 한다. 과거는 되돌릴
수 없다. 이미 지나간 날들을 무슨 수로 돌린단 말인가. 지금은 이미
지나가고 있다. 하지만 미래는 아직 기회가 존재한다. 아직 지나가
지 않은 날들이기에 내가 어찌 살아가는가에 따라 달라질 수 있다는
희망이 있다.

선택에는 책임이 따른다. 그 선택은 지금의 유리함이 아니라 미
래의 유리함으로 돌아올 수 있을 때 비로소 책임에 대한 무게도 가

벼워질 것이라 믿는다. 오너는 아주 작은 것부터 큰 것까지 늘 선택이라는 것을 해야 한다. 야놀자의 많은 식구가 미래에 고통받지 않게 하는 하나하나의 선택은 결국 내 몫이다.

2013. 10. 12. 02:56

2014년 창업 10년 차

자기 주체성이 있다면 오뚝이처럼 일어설 수 있다

사람이 어찌 꼿꼿하게만 살까 싶다. 갈대와 같이 이리 흔들 저리 흔들거리며 지내는 날이 오면 마음 한편에 무엇을 세워야 하는지 잠시 잊게 된다. 지나온 날들 속의 내 모습이 측은해 보이는 것인지? 사장질이 지친 것인지? 아니면 능력이 부족하다는 것을 아는 것인지? 흔들림은 내 마음을 온통 텅 비게 한다. 자신이 없어서 흔들리는 것이 아니라 또다시 이를 악물고 무엇을 해야 한다는 자체가 부담스러운 것일 수도 있다. 일을 시작하면 끝장을 내야 직성이 풀리기에 스스로에게 가혹할 정도로 몰아세우는 상황이 어떻게 부담되지 않겠는가?

주변에서는 나를 악착같고 성실하고 뭔가 하나에 몰두하면 정말 미쳐서 사는 사람이라고 이야기한다. 또 한편으로는 감수성이 있고 왠지 모를 측은함도 있다고 한다. 내가 살아온 날들이 지금의 나를 만들었으니 어쩌면 당연한 모습일 것이다. 사장으로 혹은 내 이름 석 자로 세상을 살면서 나에게는 반드시 해내야 할 의무가 있다. 그렇기에 틀린 부분을 알고도 계속 나아가야 하는 상황이 되거나 잘하고 있는데도 지속적으로 더 잘해야 한다는 압박을 느낄 때는 사업을 마냥 즐길 수만은 없게 된다. 때때로 찾아오는 흔들림의 시기. 그럴 때 나는 잠시 의무를 내려놓고 싶다. 무모할 정도로 앞으로 정진하다가도 그럴 때가 찾아오면 잠시 모든 것을 내려놓고 미래를 내다보기보다는 과거의 모습을 돌아본다. 그렇게 과거를 돌아보면 마음이 짠해진다.

나 스스로가 이만큼 성장했다는 것도 나에게는 눈물이다. 하지만 내 주변의 많은 사람이 나를 아껴주는 존재가 됐다는 것과 그들 각자가 가지고 있는 이야기 또한 내 마음에 울림을 준다. 지나간 세월에는 아픔도 있다. 부모의 부재로 마음 한구석의 채워지지 않는 허전함과 그보다 더 큰 상실을 느꼈던 할머니의 임종은 유년기의 나를 흔들리게 했던 사건이다. 물론 사업하면서도 흔들렸던 시간이 있다. 그중에서도 2014년은 가장 아프고 힘들었던 시간이자 가장 큰 고비가 찾아왔던 순간이다.

2013년을 보내며 수많은 생각을 했다. 야놀자는 겉보기에는 성장하고 있었다. 하지만 내부 관점에서는 성장을 멈춘 듯 보였고 야놀자인들은 열심히 일하지만 효율성은 저하되고 있었다. 우리가 잘해서 성장하는 것이 아니라 어느덧 산업의 흐름에 우리가 끌려간다는 기분이 들었다. 지금까지 우리 사업이 성장한 이유가 단지 시기적으로 잘 얻어걸렸기 때문이고 내가 이 시장구조에서 무능력한 사람은 아닌지 의문을 품게 됐다.

이런 생각은 연말이 다가오면 다가올수록 더욱 처절하게 나를 밀어붙였다. 결국 나는 2014년 야놀자의 등기상 대표이사는 유지하되 실질적인 최고경영자 자리를 퇴임하게 된다. 다른 누구에 의해서도 아니다. 나 자신이 너무도 한심해 보이고 무능력한 허수아비처럼 느껴졌기 때문이다. 또한 사장으로서 조직을 개선하고 혁신하는 데 한계를 느꼈기 때문이다. 이대로 야놀자에 남아 있을 수가 없다는 판단이 나를 죄어왔다.

2014년 야놀자에 전문경영인 체제가 시작됐다. 2013년 말 전문성을 부여하기 위해 처음으로 외부에서 임원진을 발탁했다. 새로 영입한 CFO(최고재무책임자) 두 분 중 한 분이 대표이사를 맡고 다른 한 분은 그 대표이사를 보좌하는 CFO 역할을 하게 했다. 나와 함께 야놀자를 창업한 부사장은 계열사의 대표이사로 발령을 냈다. 2006년부터 야놀자를 이끌어온 서비스 총괄이사는 야놀자펜션이라는 새로운 법인 설립과 동시에 그 대표이사를 맡게 했다.

이렇게 ㈜야놀자는 완전히 새로운 조직으로 개편됐고 나는 야놀자의 혁신을 바라며 물러섰다. 9년이란 시간을 온전히 야놀자만 바라보고 달렸다. 잘하든 못하든 그 속에서 사장 일을 하면서 젊은 날을 보냈는데 주변인이 만류할 시간도 주지 않고 나는 나를 내려놓았다. 허무하기도 했고 슬프기도 했고 두렵기도 했다. '앞으로 무엇을 하며 지내야 할까?'라는 생각도 잠시 했다. 안식년처럼 나에게 좀 휴식을 주자는 생각으로 가족과 함께 외국에 가서 1년 정도 머리를 식히고 다양한 문화를 보고 배우는 계획을 잡기도 했다.

회사에 내 자리는 있지만 경영을 내려놓겠다고 한 순간부터 딱히 일하지는 않았다. 신경쓰였지만 나보다 더 배우고 더 전문적인 분이 야놀자를 혁신으로 이끌 것으로 생각했다. 돌이켜보면 어쩌면 내 인생에서 나를 도망시킨 것은 아닌가 생각이 든다. 대표이사직을 내려놓았던 시간은 그렇게 누군가가 '알아서 잘해주겠지.'라는 어설픈 생각으로 내가 내 인생의 주인공이라는 것을 잠시 잊어버린 순간이며 야놀자를 설립하고 운영하면서 이수진이란 사람의 내면이 가장 큰 고통과 고비를 겪었던 순간이다.

유년 시절 할머니께서 돌아가시고 느꼈던 그 허무함. 무엇인가를 해야 한다는 의식도 없이 그저 멍한 느낌으로 살던 그때의 모습이 다시 한번 반복됐다. 사실 아버지가 일찍 돌아가시고 어머니가 곁에 안 계시던 상황은 나에게 큰 아픔을 주지 못했다. 내 자아가 형성되기도 전의 일이었기에 불편한 것이고 원망스러운 것이었지 큰 아픔은 아니었다. 하지만 할머니를 잃었던 일은 내게 크나큰 아픔이었다. 할머니가 돌아가셨을 때만큼이나 이 무렵의 나는 아프고 괴로웠다.

전문경영인 체제는 6개월 만에 막을 내렸다. 회사 설립 초기에 적자 상태에서 흑자로 돌아서고 나서 단 한 번도 매달 적자를 본 적이 없었지만 2014년 상반기 중 월이 지날수록 흑자 폭이 감소하더니 결국 적자를 보기에 이르렀다. 내부 조직은 산산이 부서져서 무엇을 하는지도, 어떤 결과를 내야 하는지도 모르게 변해 있었다. 각자의 본업은 없어지고 잘하는 일이 아닌 전혀 새로운 일에 매달리고 있었다.

나의 불찰이었다. 이건 전문경영인의 문제가 아니라 나의 문제였던 것이다. 내가 잘못한 것이고 내가 방관한 것이고 내가 나를 회피한 것이다. 기존의 모든 것을 내려놓고 다시 시작하는 의미에서 전문경영인을 두었다. 하지만 조직은 이권 다툼을 하고 일하기보다는 줄서기에 바빴고 자신을 이야기하기보다는 남을 헐뜯고 깎아내리는 조직으로 급변했다. 하루라도 사건이 안 터지는 날이 없었고 그러다 보니 내부는 완전히 피 흘린 상처투성이가 돼갔다. 다 나의 불찰이고 나의 책임이다. 나의 회피에서 비롯된 것이다.

그렇게 나의 인생 최대의 흔들림은 위기 속에서 멈췄다. 무엇을 해야 하는지 정확하게 인지하기 시작했다. 6개월 동안 쉬면서 무엇이 나를 흔들었는지를 찾아냈다. '하지 못할 것 같다.'라는 패배감 혹은 주체성의 상실이었던 것이다. 오뚝이처럼 다시 일어서야 했다. 누군가에 의해 대신 조직이 만들어지고 운영되는 것이 아니었다. 나 스스로 과정을 겪어내야 결과를 만들 수 있다. 이대로 놓아두면 지난 세월 동안 정성스럽게 만든 야놀자가 산산조각이 나겠다는 두려움을 느꼈다.

나는 더욱 냉철해지고 비범해져야 했다. 누구도 못 말리는 추진력으로 짧은 방황을 끝내야 했다. 나는 야놀자에 다시 복귀해 조직과 미래 비전을 정비했다. 그리고 그동안 고여 있던 수많은 문제를 한 번에 다 터트리고 나의 주체성과 야놀자의 주체성을 찾는 과정에 돌입했다. 누구나 흔들릴 때가 있다. 하지만 흔들림 앞에서 잘못된 판단을 하면 개인에게만 그 책임이 오는 것이 아니라 주변인들에게 피해로 돌아간다.

나는 그런 현상을 직접 지켜보았고 이를 통해 내가 얼마나 중요한 존재인가를 느꼈다. 누구나 스스로 자기 삶의 주인공이 돼야 하고 주체성을 가져야 한다. 10년이 지난 야놀자가 이제는 비로소 준비돼 다시 시작하려 한다고 말할 수 있는 건 흔들림을 수없이 경험하고 그 속에서 지혜를 얻었기 때문은 아닐까 생각한다. 마음이 흔들리고 생활이 흔들리는 날에는 지금의 시련을 결과가 아니라 과정, 성공으로 가는 과정이라 생각하자. 흔들림은 나를 더욱 단단하게 만들기 위한 신의 시험이라 생각하자. 그리하여 자신에게 가장 중요한 존재로 우뚝 서자. 자기 주체성을 가진, 자존감을 가진 인생을 포기하지 말자.

며칠 해보고 포기하거나 쉽게 안 된다고 하지 말자

우리는 늘 변화해왔다. 다만 변화된 사실을 알지 못하고 살아가는 것뿐이다. 성인이 돼서는 더욱더 변화에 대해 거부하는 삶 혹은 둔감해지며 사는 건 아닌가 싶을 때가 있다. 그토록 어렵다는 뒤집기, 그리고 기기, 두 발로 서기, 걷기, 뛰기. 우리는 처음 세상을 만나는 순간부터 두 다리로 걷기 위해 무려 2년이란 시간을 꼬박 노력한다.

우리는 엄… 엄… 하다가 엄마라는 말과 아빠라는 말을 하기 시작하고 정상적인 언어를 실행하기까지 짧게는 5년에서 길게는 20년이 걸리기도 한다. 이토록 우리는 매번 살아가는 것들 속에서 변화, 즉 성장을 위해 노력한다. 누가 시키든 시키지 않든 해야 하는 노력이란 것. 이미 우리가 가지고 있는 삶의 영역에 꼭 필요한 부분으로 자리잡고 있으며 결국 그것을 해낸다.

우리가 성인이 돼 하루아침에 모든 것이 한꺼번에 이뤄지지 않는다고 투덜거리거나 쉽게 포기하거나 혹은 스스로 안 되는 놈이라고 좌절을 맛볼 때 걸어온 길을 돌아보자. 우리는 걷기를 배우고 말을 배운 것처럼 결국 해낼 것이다. 그러나 사람들은 너무 쉽게 포기하고 너무 쉽게 단정짓는다. 새해에는 이토록 며칠 해보고 포기하는 나의 모습이 없기를 희망한다. 남들도 다하는 것을 나의 노력이나 인내가 부족해 행하지 못하는 일이 없도록 아주 작게나마, 그리고 힘들면 쉬엄쉬엄 포기하지 않고 갈 수 있는 한 해이기를 기도한다.

나는 두 다리로 걷고 있고 입으로 말하고 있다. 나는 젓가락질을 하고 있고 구구단을 외운다. 평범한 것인 듯하지만 그 평범함을 위해 얼마나 많은 시간을 들여 노력했던가. 평범함을 위해 그 정도의 노력을 한다. 그런 우리인데 비범함을 위한다면 그것보다 더욱더 인내를 가져야 할 것이 아닌가. 새해 나의 노력이 불과 일주일, 한 달, 1년, 혹은 10년이 되지 않았는데 쉽게 안 된다는 말을 하는 일이 없도록 어떤 일이든 더 노력하자.

2014. 01. 02. 08:41

우리는 비로소 0이 됐고 다시 시작했다

지난 10년을 되돌아보면 가장 힘든 부분이 조직 정비와 그에 따른 인사이다. 처음 시작할 때는 직접 기획했기에 그것을 온라인상으로 만들어줄 인재가 필요했다. 그런데 디자이너와 개발자 구하기라는 벽을 넘기가 너무도 어려웠다. 자금이든, 영업이든, 기획이든, 마케팅이든 뭐든 간에 작은 회사에서는 전부 내 손으로 다할 수 있었지만 개발 언어를 모르고 디자인적인 감각을 배우지 못했기에 적합한 사람을 구하는 문제부터 길이 막혀 있었다. 구인구직 사이트에 구인 글을 올려보기도 하고 각 관련 카페에 글을 올려보기도 했지만 쉽지 않았다.

어렵게 사람을 구했지만 아무것도 없는 너무 작은 회사라서 며칠 일해보고는 비전을 운운하면서 일방적 해고통지를 받기도 했다. 여기서 해고는 회사가 받은 것이다. 또한 일반인의 눈으로 봐도 개발 언어를 전혀 이해하지 못하고 있다는 게 확연히 드러나는, 일할 수 없는 사람이 와서 개발 착수 자체가 어렵다는 판단 아래 회사에서도 수습기간을 다 채우기 전에 서로의 길을 가야 하지 않겠느냐는 사실상 해고통지를 하기도 했다.

그렇다 보니 기술력이 있는 사람과 일한다는 자체가 그 어떤 것보다 어렵다는 것을 처음부터 느끼게 됐다. 결국 외주업체에 개발을 맡기기로 했지만 그것마저도 녹록지 않았다. 내가 무엇을 알아야 좋은 것인지 나쁜 것인지 알 수 있을 것이다. 그런데 기획도 서툴렀지만 그 기획을 잘 맞춰줄 실력이 있는지 없는지는 오로지 포트폴리오 구성으로만 가늠해야 하는 상황이라서 결국은 사람의 형태를 보고 판단하는 수밖에 없었다. 현 야놀자 부사장인 공동창업자와 책상 두 개를 놓고 시작하던 시절을 돌이켜보면 지금까지 어엿한 닷컴기업과 모바일 기업으로 성장해온 자체가 말이 안 되는 상황이다.

온라인에서 정보를 제공해주는 회사인데 다음카페에서 활동하던 것 외에는 아는 게 없었다. 또한 영업에 대해, 세무에 대해, 경영에 대해 아무것도 모르는 정말 소위 '깡다구'만 있는 그런 시작이었기 때문이다. 영업을 돌아다니면서 배우고, 세무서에 다니면서 세무의

얕은 지식을 알고, 키워드 광고를 시작하면서 마케팅의 가장 기본을 처음 접하고, 인재 등용을 위해 면접을 보면서 인사라는 것을 알게 됐다. 나에게는 몸소 직접 경험하면서 지내 온 10년이란 시간이 배움의 연속이었다. 하지만 사장인 내가 잘 알지 못한다는 것이 우리 조직에 간간이 쓰디쓴 잔을 마셔야 하는 상황을 만들기도 했다.

매년 11월이 되면 인사이동 준비를 한다. 지금 모자란 부분과 다음 해 우리가 가져가야 할 부분이 무엇인지에 대해 근 한 달을 고민하고 인사평가를 뒤적거리며 사람을 관찰한다. 면담을 하기도 하며 외부인들과의 접촉을 시도하기도 한다. 그렇게 11월 말이 되면 대략적인 그림이 나오는데 매년 느끼는 것이지만 보통 어려운 일이 아닌 듯하다. 고인 물처럼 회사가 성장을 멈췄거나 혹은 신규 사업을 하지 않는다면 사람이 늘어날 일도 없고 딱 기존만큼만 해주면 될 것이다.

그러나 우리가 속해 있는 일의 특성이 여행 숙박업이긴 하나 온라인, 모바일, 오프라인을 전부 하는 상황이고 계속 확대해나가는 형국이라 적재적소에 어떻게 인사를 해야 하는 것인지, 사람의 위치에 대한 업무가 쉽지 않았다. 지금이야 마케팅, 홍보, 콘텐츠, 영업, 경영지원, 경영연구, 전략기획, 개발, 품질QA, 디자인, 서비스기획, 프랜차이즈(약 7개 부서), 신생TFT, 지사(약 4개 부서) 등 각각 위치에 맞게 구성이 돼 있다. 하지만 이 구성 자체가 처음부터 있었던 것이 아니기에 더욱 힘에 부쳤던 것은 사실이다. 어떤 일을 해야 하는

데 그 일을 할 줄 아는 사람이 없었다. 그러다 보니 인재 채용을 해야 하는 상황이었지만 시간, 자금, 또한 사람의 소양과 능력이라는 부분을 판단하고 채용하기까지 과정이 생각처럼 쉽지 않았다. 처음부터 나에게 200명이란 인재 조직을 세팅하라고 했다면 못 했을 것이다. 두 명에서 한 명 한 명 늘어나다 보니 지금의 200명 조직이 된 것이다. 처음부터 우리에게 200명의 인재가 있었다면 과연 나는 무엇을 하라고 했을까? 인재만 있으면 참 좋은 일이지만 결국 같이 먹고살아야 할 매출구조가 나와야 하지 않겠는가.

결국 회사라는 조직은 성장 아니면 퇴보를 할 수밖에 없는 것이 현실이고, 또한 서비스와 물리적 변화가 가장 빠른 온라인과 모바일 세계에서 사업하다 보니 결국은 그것에 시시각각 대응하며 살아가야 한다. 그러기 위해서는 우리의 능력도 변화의 흐름을 타고 그것을 만들어낼 수 있는 가치를 지녀야 하기에 조직구성이 말처럼 쉽지 않다. 수많은 회사에서 수많은 정책으로 조직을 만들고 성장성을 위해 혹은 행복을 위해 힘쓰는 이유는 조직구성이야말로 생존과 성장을 위한 기본 발판이기 때문이다.

자기 주체성을 가지고 일하는 것을 원하는 회사가 있다. 반면 자기 주체성을 포기하고 노동만 존재하는 회사도 있다. 튀지 않으면 죽는 회사가 있다. 반면 튀면 죽는 회사도 있다. 각 회사의 성향에 따라 기업문화와 조직 형태 역시 180도 다르기도 하지만 그 조직구성을 생각하는 오너들의 마음은 한결같다. 지속 성장하는 기업을 만들어 미래 가치를 더 높이고자 할 것이다.

야놀자는 식구 같은 조직으로 시작했다. 끈끈해야 먹고산다고 믿었다. 그래서 실상 개개인 능력의 가치도 중요하게 생각하긴 했지만 그보다는 더욱더 신뢰하고 끈끈한 정이 있어야 한다고 믿었다. 하지만 시장은 급변했다. 내가 생각하는 이상으로 상황이 변했다. 우리는 끈끈한 정만으로는 세상의 흐름을 따라갈 수 없는 지경에 이르렀다.

결국 야놀자는 조직 개선을 위해 2014년도 많은 것을 포기하고 많은 것에 대해 변화를 시도했다. 전문경영인을 맞아들였다. 그리고 그를 통한 외부로부터의 변화를 시도했다. 그러나 사업력이 고작 9년밖에 되지 않았음에도 그 시간을 너무도 끈끈하게 끌고 온 탓에 외부로부터의 변화는 실패했고 결국 그 후유증으로 굉장한 파열음과 폭발 직전의 상황까지 가게 됐다. 그건 전문경영인의 잘못이 아니라 내가 9년 넘게 운영해 온 방식 자체가 잘못된 것이었다는 생각을 한다. 결국 나 스스로 내부 조직을 개선하기로 하고 다시 회사에 들어갔다.

가장 먼저 모든 조직을 직위와 직급 그리고 하는 일들에 대해 다 내려놓게 했다. 많은 고통과 아픔이었지만 조직이 얽히고설켜 도저히 풀어질 기미가 보이지 않고, 어디로 가는지도 모르고, 무엇을 해야 하는지도 모르는데 무엇을 더 하라고 하기도 힘든 상황이었기 때문이다. 결국 2014년 하반기는 우리의 조직을 0으로 리셋하고 다시 조직을 짓기로 해 지금 야놀자의 조직이 완성됐다.

그 와중에 많은 사람이 회사를 떠밀려 나가기도 하고 스스로 좀 더 높은 곳을 날겠다며 나가기도 했다. 2014년 6월 16일부터 일주일간 희망퇴직을 실시해 30퍼센트가 넘는 직원들이 야놀자를 떠나갔다. 회사는 아무것도 할 수 없는 마비 상태가 돼 실상 숨만 쉬고 있었다. 어떤 비상 상황이 와도 그것에 대처할 수 없었다. 다시 일어나야 하지만 중요 포인트에 있던 사람은 거의 다 떠났기에 아주 간단히 할 수 있는 일만 해야 하는, 하고 싶어도 할 수 없는 상황이 됐다. 나는 마음을 비웠다. 누구나 쉬쉬하고 싶은 경험일 것이다. 하지만 난 쉬쉬하기 싫다. 그날의 일들이 다시 일어나지 않게 하는 게 나의 의미이며 책임이다. 그건 전부 나의 잘못으로 일어난 일이다.

그동안 조직을 탄탄하게 이끌었다면 내가 더 똑똑하게 생각하고 깊게 행동했다면 이런 일이 벌어지지 않았을 것이다. 오로지 나의 잘못으로 그런 결과가 생겼다. 그 후로도 회사 내에 있던 인재들은 속속 빠져 떠나고 있었다. 야놀자의 비전을 보지 못한 것이다. 동료가 떠나고, 내부 체계는 여전히 잡히지 않고, 할 수 있는 일은 한정적이고 불안했을 것이다. 결국 시한폭탄이 터진 것이다. 야놀자는 자신감도, 미래 비전도, 하고자 하는 의욕도 상실한 상태였다. 하지만 우리는 비로소 0이 됐다. 다시 시작했다. 시대를 앞서갈 방향성을 잡았다. 그리고 우리가 진정 하고자 하는 방향성이 무엇인지를 절실하게 느끼고 다시 시작했다. 지금도 조직은 미완성이다. 지속적으로 세팅하고 실험할 것이다. 외부에서 많은 인재가 등용됐다. 다행히도 우리가 가야 할 방향성을 정확히 잡았다.

나는 늘 느낀다. 조직이란 것이 얼마나 어려운 일인가. 그러나 조직이 없으면 결국 우리도 없다. 그로 인해 조직을 구성하는 인사야말로 회사에서 가장 중요한 부분이며 미래의 가치를 좌지우지할 수 있는 가장 중요한 판단 기준이다.

명함에 스물여덟 살 대표이사 이수진이 새겨졌다

처음 사업을 시작하며 나의 명함에는 '대표이사 이수진'이 새겨졌다. 그때 나이가 스물여덟 살이니 얼마나 어린 사장인가? 어리다는 것은 그만큼 세상 물정을 잘 모르고 연륜도 부족하고 남을 배려하는 마음 또한 완전치 않을 수 있다는 이야기다. 세상을 보는 눈은 작고 무엇을 해야 하는지도 정확하지 않을 뿐더러 성공이란 것을 맛보지도 못한 상태. 마치 바람 앞에 촛불 같았다.

더구나 당시 나에게는 사업할 만한 여유 자금도 턱없이 부족했다. 나는 내부적으로도 외부적으로도 부족했다. 그렇지만 사장의 임무는 정해져 있지 않은가? 사장에겐 성공해야 하는 의무와 책임이 따른다. 어떤 상황에서건 사장에게는 성공이라는 가장 중대한 과제를 준다. 결과를 만들어내는 것은 반드시 해야만 하는 필수 요소이다.

'그냥 재미로 한번 해보지 뭐.' 혹은 '다음 기회도 있잖아.'라는 생각은 분명 실패를 가져온다. 그리고 그 실패는 결국 사장이란 자리에 있는 자신뿐 아니라 주변인들에게 크나큰 피해를 준다. 스스로 사장 자리를 택했지만 피해는 온전히 스스로만 질 수 없는 상황. 그러므로 사장은 무조건 성공해야 한다. 한 해 한 해 지속적으로 사장 일을 하면서 나는 조금씩 소양을 갖춰가고 성장하고 있다고 느꼈다. 하지만 사장으로서 풀어야 할 문제는 매번 같은 것이 아니라 언제나 처음 겪는 새로운 것들이었다. 그때마다 나는 두렵기도 했고 설레기도 했고 마음의 상처를 받기도 했고 때로는 과거의 선택에 대해 원망하기도 했다. 하지만 또다시 미래 가치를 찾기 위해 새롭게 시작했다.

세상은 빠르게 바뀌고 사업 여건도 바뀐다. 그리고 사람들의 생각은 더욱 빨리 변화한다. 우리의 시장가치는 상상을 넘어서 어디로 갈지 모르는 지경이다. 그러니 사장이 아무리 똑똑한 사람이라도 항상 옳은 결정만 하기는 쉬운 일이 아닐 것이다. 야놀자가 숙박 시장을 선도하는 독보적인 기업이기에 이 숙박 시장 안에 있는 분들은 야놀자의 변화를 주시한다. 하지만 야놀자의 사장은 기존의 숙박 시장 외에도 또 다른 시장의 변화를 주시할 수밖에 없고 그 속에서 생겨나는 여러 가지 변수들을 계산하고 늘 대처해나가야 한다. 이런 상황은 단 하루도 빠짐없이 생겨나고 있다.

그런데 그것보다 더 강력하게 사장의 머리를 짓누르는 것이 있으니 바로 인재다. 회사에서 인재 확보는 시장 지배력을 강화시킬 수 있는 유일한 방법이다. 인재를 통해 시장의 변화에 좀 더 명확하게 판단 내릴 수 있는 자료를 확보할 수 있다. 하지만 중소기업의 인재 확보의 길은 멀고도 멀다. 사람과 사람의 관계에서 나와 사원 간의 관계도 중요하지만 사원과 사원의 관계가 더욱 중요한 법이다. 그들이 서로 유기적으로 움직이고 서로 위하고 생각을 공유하는 것이 이상적인 회사의 흐름이다. 하지만 어느 회사도 협업이라는 것에 대해 마음 놓고 지내는 곳은 흔치 않을 것이다.

사람의 마음이라는 것이 천 가지 만 가지라서 각자의 생각이 다르고 각자의 행동이 다르다. 그것이 하나가 되고 서로 공감하고 공유하며 생활을 잘 이끌 수 있는 회사야말로 건강한 회사라 말할 수 있을 것이다. 10년이란 시간 동안 회사를 운영해오면서 매년 사람과 사람의 문제, 인재 확보의 문제, 사원의 성장 문제, 그로 인한 사장의 자질 문제는 시장 상황보다도 더 먼저 제기되는 것들이다. 복지가 좋아져도, 평균 연봉이 높아져도, 근무가 자유로워져도 항상 인적인 문제는 어디서 어떻게 터질지 모르는 예민한 사안이다.

모든 것이 잘 돌아가다가도 사람 문제가 터지면 사장으로선 참으로 안타깝다. 또 한편으로는 마음이 휑하고 속이 쓰리다. 심한 경우엔 정신적인 타격을 받기도 한다. 하지만 어찌하겠는가. 결국 수습해야 한다. 원인과 책임에 대해서도 생각해야 한다. 사업은 진행형이고 갈 길이 멀기에 마냥 문제를 잡고 있을 수만은 없다. 그렇다고 대충 어설프게 정리하면 또 문제가 터지고 그러면 사람의 공백이 생긴다. 그럴수록 회사의 성장은 더욱 더뎌진다. 게다가 회사는 각자의 생존 공간이고 인생의 한 부분이기에 어설프게 누군가의 편을 들다가는 정치판 되기 딱 좋으니 난감하지 않을 수 없다.

어찌 보면 짧은 시간일 수도 있고 긴 시간일 수도 있는 시간. 10년 동안 사장으로 있다 보니 시장경제의 변화, 세계의 변화, 생활의 변화, 사람의 성향 변화 등 크고 작은 변화를 가장 먼저 감지하고 그것에 맞게 변화해야 했다.

또한 마음을 잘 추스르는 것이 무엇보다 중요하다고 생각한다. 하지만 마음이 흔들리는 이유를 잘 살펴보니 회사 구성원들이 나를 이해하지 못하거나 그들끼리 관계가 좋지 못해 문제가 생겼을 때가 대부분이었다. 따라서 서로를 위해주는 회사를 만드는 것이 최선의 방법이다. 대기업이 아닌 이상 직원 한 명 한 명에 대해서 신경을 쓰는 것도 사장의 몫이라는 것을 조금씩 알아간다. 누구를 원망하고 누구에게 잘못을 넘기는 것이 아니라 그 원망의 근원지를 찾고 무엇이 방향성을 흩트리게 했는지를 파악하는 것이 우선이다. 그 모든 책임, 성공하지 못하는 것에 대한 책임은 사장의 것이기 때문이다.

사장으로 산다는 것은 눈물이고 끝없는 생각이다. 주변인들의 눈과 귀는 사장인 나를 향한다. 이 자리는 누군가가 나에게 시킨 것이 아니다. 이런 상황을 알았든 몰랐든 내가 결정한 자리이고 지난 10년간 행해온 자리이다. 우리는 누군가에게 책임을 전가하지 말라고 한다. 하지만 어쩌면 사장이란 사람들이 누구보다도 남들에게 더욱 큰 책임을 전가하고 있는 것은 아닐까 반성한다. 내가 선택한 직업인 '사장'이란 것에 더 진정성 있는 직업관을 가지고 임해야 하지 않을까 생각한다. 사장으로 사는 것은 내 삶의 기준점이며 내 스스로 선택한 삶이다. 사장으로 사는 것이 내가 원하는 인생이다.

지금의 결정이 미래를 바꾼다는 것을 명심하자

삶 속에는 사업을 하든 사업을 하지 않든 결정이라는 것을 해야 할 때가 있다. 개인적인 부분에서는 개인의 의미적 측면이나 가족의 의미적 측면 혹은 친구와의 관계 등에 의해 스스로 이익이 최대인 쪽으로 고민하고 판단해 결정의 방향성을 잡기도 한다. 실상 가둬진 결정에는 가둬진 결과만이 존재한다. 어린 시절에는 아무리 좋은 쪽이든 나쁜 쪽이든 그 결정의 크기는 부모의 영향 아래 존재한다. 성인이 되고 홀로 사회에 서게 될 때 비로소 자신의 결정이 어떤 결과를 가질지에 대한 두려움을 맛보게 되는 듯하다.

어릴 때는 하고 싶어도 할 수 없는 것이 많았으며 가고 싶어도 못 가는 곳이 많았다. 하고 싶지 않아도 해야만 하는 것들은 더욱 많았다. 하지만 그 결과물들에 대한 책임은 그리 크지 않았다. 다시 시작하거나 누군가가 대신해주거나 아니면 반성 정도의 책임만이 따라 다녔다. 성인이 된 후에는 어떠한가. 누가 대신할 수 있는 정도가 있는가? 나의 인생을 누가 살아주던가. 결정은 오로지 본인 스스로의 몫이 되고 그 결과의 책임 또한 본인 스스로의 것이 된다. 그러니 결정을 회피하거나 미래의 큰 방향성에 대한 두려움 등으로 반복되는 삶에 익숙해지는 모습은 아닌가 하는 생각을 해본다. 크게 결정하면 크게 결과가 찾아오는 현상. 그래서 작게만 결정하려 하고 결정을 미루거나 남들과 같은 결정으로 사회적 방향성을 지니면서 사회를 욕하고 사회가 잘못됐다고 하는 건 아닌가 하는 생각이 든다.

청년 시절 나는 누구에게도 기댈 수 없었다. 오로지 혼자서 일어나 뚜벅뚜벅 걸어가야 했기에 어쩌면 남들보다 결정이라는 것의 가혹함 정도를 빨리 깨달았는지도 모른다. 결정은 쉽게 내릴 수 있고 당장 나에게 유리한 쪽으로 내릴 수 있다. 그런데 그것이 언제까지 쉽고 언제까지 유리한지를 생각하지 못하고 당장 이익 앞에서만 흥분하고 환상을 갖거나 쾌락을 느끼는 부분이 있다는 것을 일찍 알아버린 것이다.

가난한 현실을 가난하게 만드는 결정을 하고 적은 월급을 받으면서 그것에 불평한다. 하지만 그것을 뒤집을 만한 결정은 하지 못하고 순응하면서 사는 상황, 내 생각의 정도가 나를 뒤바꿀 수 있다는 사실을 알지만 내 생각의 정도를 키우려 하지 않는 상황, 이런 것은 오로지 나에게서 비롯된 결정에서 나온다는 것을 알게 됐다. 어쩌면 이런 능력은 어려서부터 혼자 세상을 살아가야 하는 상황을 준 부모님께서 물려주신 유일한 유산인지도 모른다.

회사를 설립하고 난 뒤 나는 개인으로 살 때와 다른 것이 생겼다. 그렇게 혼자만 만족하고 혼자만의 두려움으로 내리던 결정의 무게가 사원이 한 명 한 명 늘어날수록 곱절로 무거워졌다. 나 혼자만도 벅차고 때로는 무섭고 두렵기까지 했던 결정이 이제는 나만 생각해서는 안 되는 상황이 돼버렸다. 벗어 던지면 그만이지 하는 생각도 들었지만 그게 그리 쉬울까. 사업은 돈을 향한 마음에서 시작했지만 그 마음은 점점 더 커져서 의무감과 책임감이 생겼다.

나는 사업하는 동안 결혼하고 아이들이 생겨 가족이라는 것이 처음은 아닐 테지만 처음과 같이 느껴지니 그 가족을 지키기 위해서라도 미래의 방향성을 잘 챙겨야 한다. 그런데 나만 그런가. 야놀자의 식구들도 많아지고 그의 가족들도 나와 같이 소중할 것이고 야놀자와 관계된 협력사들은 어떠한가. 그러니 사업이라는 것이 나 한 개인으로 시작했으나 그게 나를 넘어서 이제는 더 이상 개인이 아닌 기업적 입장에서의 더 큰 결정을 해야만 하는 모습이 됐다. 그러니 늘 고심한다.

나의 생각이 바로 선 것일까? 맞는 방법인가? 우리의 미래는 어떠할까? 당장 이익적 측면에서의 모습보다도 내일, 1년 뒤, 3년 뒤의 모습에 더 확장된 그림을 그리고 결정해야 한다. 10년 뒤 100년 뒤는 사실 우리와는 맞지 않는다. 시장은 늘 급하게 변화하고 우리가 선도하고 싶어하지만 그건 아직 우리의 몫이 되지 못한다. 내 결정은 야놀자 200인의 앞날이고 그 가족과 야놀자 협력사들의 앞날이다. 그러기에 실상 결정이라는 잣대가 지금 당장 보면 몹시 어려운 것은 아니나 미래를 생각하면 한도 끝도 없이 어려워지고 확신이 서질 않는다면 두렵기까지 하다.

나는 사업을 10년 넘게 하면서 수많은 결정 아래서 성공도 하고 실패도 했다. 결정을 잘못 내렸어도 조직이라는 힘으로 그것을 성공시키기도 했다. 결정을 잘 내린 듯해도 조직이 움직여주지 않아 실패로 돌아가는 것도 맛보았다. 결정은 실상 나 스스로의 몫이지만 그 결정 과정에서는 서로 동질감이나 공감을 얻어내야 하는 상황이 항상 존재한다. 권력을 가졌다고, 최고의 지분을 가졌다고, 최고 의사결정권자라고 해서 구성원의 형태를 완전히 벗어난 결정을 한다면 그건 아무리 좋은 결정이라도 성공과는 거리가 먼 현실이 된다.

그래서 결정의 순간에는 항상 마음이 요동치며 그 결정에 대한 상황을 공유하고 서로 공감을 얻기 위해 노력해야 한다. 지금까지 살아오면서 스스로 결정하며 보낸 날들이 아마도 20년이 되지 않았을 것이다. 스무 살 이전에는 내가 하고 싶어도 할 수 있는 것은 제도권 혹은 박스권 안에서의 결정이었고 성년이 되고 나니 그 박스권이 점점 커지고 나를 보호하는 울타리는 어느새 없어졌다. 내가 가고자 하는 길이 내가 갈 수 있는 방향성이 됐다.

나는 스물여덟 살에 사업을 시작했다. 그전까지만 해도 결정의 자유를 지닌 청년이었을 것이다. 형편이 나를 자유롭게 만들지 못했지만 결국 내가 가고자 하는 길은 변하지 않았다. 사업 시작 후에는 어린 사장으로서 좌충우돌 무엇이 맞는지 틀리는지 모르고 악으로 깡으로 버티면서 사업체를 조금씩 키웠다. 그렇게 조금씩 키우다 보니 어느새 개인사업에서 소기업으로 중기업으로 점점 성장하게 됐다. 그에 따라 나도 잘 먹고 잘살게 됐지만 결정의 복잡성은 더욱 커지게 되고 그에 따른 결과의 책임 또한 확연히 나를 따라다닌다.

우리는 흔히 "나라면 그렇게 하지 않았다."라는 말을 쉽게 던진다. 하지만 막상 그 자리에 올라가 보거나 그런 상황에 본인이 있다면 그런 말을 쉽게 할 수 없다는 것을 알 것이다. 남들에게는 결정의 옳고 그름만을 이야기해 옳은 일에만 혹은 성공한 일에만 초점을 맞추고 이야기하지만 우리가 직접 그 자리에 있다고 하고 결과가 나온 과거의 것의 결정이 아니라 결과가 어찌 될지 모르는 미래의 것에 관한 결정의 순간에는 그 아무도 옳다 그르다 할 수 없는 일인 듯하다.

물론 상식적인 수준에서 결정의 방향성에 옳고 그름이 있기에 그 상식을 벗어나면 안 되는 것은 사람이 해야 하는 가장 기본적인 부분이다. 하지만 지나봐야 결과가 나타나는 일, 자신에게 당장 유리한 부분의 것이 더욱 큰 것으로 다가오는 현실 앞에서는 자신의 미래 모습을 현실에서 초월해 방향성을 잡는다는 건 말처럼 쉬운 일은 아니다.

하지만 분명한 것은 지금의 결정은 미래를 바꾼다는 것이다. 그래서 가장 혹독하게 자신을 뒤돌아보고 자신의 상황을 바로 알고 무엇을 어떻게 할 것인지를 생각해 현실과 동떨어진 결정보다는 현실에서 하나하나 끼워 맞출 수 있는 결정을 해 한 번에 바꾼다가 아니라 언젠가는 바뀐다는 마음으로 해나가야 하지 않을까 싶다. 나에게도 이 부분이 명확하게 들어서야 할 때인 듯하다. 지난날들이 어찌됐든 지금이 나의 미래를 만드는 과정 중이니 그 속에서 내가 가야할 방향성을 바로잡고 행하지 않으면 무슨 미래를 바라보겠는가.

긴 인생의 완주를 위해서는 페이스 조절이 필수다

나는 어릴 때는 농사를 지으면서 학교에 다녔고 유년 시절 내내 일했다. 대학 때는 스스로 벌어서 학교에 다녀야 했고 군대 대신 방위산업체에서 근무하면서도 첫 서울살이라 집 구하는 것부터 생활하는 것까지 혼자 스스로 일어서야 하기에 악착스럽게 생활했다. 회사생활 3년 6개월을 하고 난 뒤에는 바로 모텔 청소부터 시작해 모텔 일을 했다.

모텔에선 쉬는 날이 없다고 해도 과언이 아닐 정도로 격일제 근무를 했다. 모텔 일을 관두는 동시에 야놀자를 시작해 줄곧 사업을 해왔다. 그래도 수익이 좀 나는 내 사업을 하니 좀 쉬지 않았겠냐고 할 수도 있겠지마는, 사업이란 것이 오너로서 쉴 틈을 과연 얼마나 줄까? 그럼에도 불구하고 간간이 머리를 식혀야 했다. 그렇지 않으면 더 이상의 창의력은 불가능하다는 것을 경험으로 자연히 깨달았기 때문이다.

때때로 모든 것을 손에 놓고 멍하니 있으려 애쓴다는 표현이 맞을까? 누구에게나 잘 풀리지 않는 날이 있다. 때로는 아무리 무엇인가를 해도 손에 잡히지 않는 날이 있다. 할 일은 태산이지만 생각이 정리되지 않고 몸이 움직이지 않는 날에는 어떻게 하는 게 좋을까? 마치 몸과 머리가 과부하가 된 것 같다면 어떻게 해야 할까? 과감히 내려놓아야 한다. 아무것도 하지 않으면 아무것도 아닌 인생이 될까 싶어 무엇이든 행해야 했기에 쉰다는 표현은 내게 사치 같았다. 하지만 쉼 없이 달려오다 보니 내려놓지 않으면 더 많은 것을 못 하게 되는 이치를 자연스럽게 터득했다고나 할까. 과부하가 걸리면 나도 모르게 쉬게 하는 자기방어적 능력이 생긴 듯하다.

놀면서 일해도 돈을 벌 수 있는 문화를 주야장천 이야기하는 것은 아마도 이 때문이 아닌가 싶기도 하다. 나는 꼭 일을 열렬하게 해야만 생산성이 오르는 것은 아니라는 것을 몸소 느껴서인지 좀 더 자유롭게 일할 수 있는 분위기 속에서 효율성이 발휘된다고 믿는다.

가득 무엇인가를 내 안에 담고 일할 때 때때로 무거움을 느낀다. 그 무거움은 나를 더욱 퇴보하게 하고 지치게 하는 촉매제다. 그래서 나는 차라리 무겁다고 느낄 때 혹은 조금 한가하다고 느낄 때 한 발 쉬어가려 한다. 어차피 인생은 길다. 언제까지 달릴 것인가? 아마도 죽는 날까지 달리지 않을까. 말이야 "은퇴를 할 거야." "난 좀 편안히 살 거야." 할지 모르지만 막상 내가 살아온 날들에 내 형태와 습관이 고스란히 담겨 있다. 하루아침에 그것을 어찌 바꾸겠는가 싶다. 롱런하려면 결국 충전해야 하는 시기가 있다. 머리의 무거운 것을 내려놓을 수 있는 타이밍에 내려놓아야 한다. 그렇지 않으면 또 금방 바빠지고 부지런히 달려야 하는 상황이 생기는데 능률은 떨어지고 책임은 더욱더 무거워지는 상황이 발생하고 만다. 한 번 때를 놓친다면 더욱 뒤처져 나 자신이 무능력자가 될 수도 있기 때문이다.

지인의 추천으로 마라톤 42.195킬로미터 풀코스에 도전한 일이 있다. 약 3개월을 연습해 1개월 뒤에는 10킬로미터, 그로부터 1개월 뒤에는 21킬로미터, 그로부터 1개월 뒤에는 풀코스인 42.195킬로미터를 완주했다. 완주기록은 3시간 52분이다. 달리기를 못 한다고 생각하던 내가 3개월 만에 풀코스를, 그것도 3시간대로 주파를 했다는 것은 보통 일이 아니다. 연습하면서 처음 10킬로미터를 달릴 때는 정말 하늘이 노랗고 왜 이것을 하고 있는가라는 생각을 했다.

과연 내가 10킬로미터도 제대로 달려본 적이 없는데 풀코스를 어찌 달린단 말인가? 이건 말도 안 된다고 하면서도 매주 연습을 반복했다. 연습하면서 슬슬 자신이 붙었다. 시작은 했으니 끝은 보겠다는 심산이었다. 그런데 풀코스를 뛰던 날, 나는 비로소 자신의 페이스가 얼마나 중요하고 구간별 음료대에서 잠시 목을 축이고 자신을 정비하는 일이 얼마나 중요한지를 깨달았다.

첫 완주는 나에게 약 1개월간 고통을 안겨주었다. 온 다리가 퉁퉁

부었고 근육통과 무기력증 등으로 다른 운동을 통 하지 못하는 사태가 발생했다. 전혀 예상하지 못한 후유증이었다. 도전할 때만 해도 완주를 가볍게 하고 일상생활에 복귀할 자신이 있었다. 첫 레이스였지만 연습을 꾸준히 했고 10킬로미터와 하프인 21킬로미터를 무난한 기록으로 아마추어 대회를 치른 덕에 풀코스 또한 가볍게 뛸 수 있을 것이라는 오만이 화근이 된 것이다.

쉬는 타이밍에 사람들이 많이 몰리는 음료대를 그냥 지나쳤고 기록을 앞당기고자 초반부터 무척이나 빨리 달렸던 것이다. 페이스 오버가 걸릴 듯 말 듯한 상황이었다. 이제 겨우 3개월 연습하고 나서 최상의 컨디션과 최고의 연습이라고 자부했던 것이다. 아니나 다를까 하프를 넘어서는 순간부터 기력이 빠지고 무슨 정신으로 달리는지, 완주는 할 수 있을는지 하는 불안한 생각과 초조한 마음이 온몸을 감싸 안았다.

결국 35킬로미터 지점에서 다리에 경련이 일어나고 팔에까지 경련이 일어나 고통스러웠고 파스와 젤을 발라가면서 간신히 완주선을 돌파했다. 굳은 의지로 겨우겨우 돌파했다. 생각보다는 기록이 꽤 좋았다. 하지만 그 이후 근 한 달간 몸은 말도 아니게 힘들었다. 성취감도 잠시였다. 페이스를 오버해가며 뛴 것에 대한 벌을 단단히 받았다. 한의원에, 마사지에, 다른 운동은 일절 못하는 상황에 고관절이 틀어지고 조금만 활동해도 다리에 경련이 일어나는 현상이 생긴 것이다.

3개월 뒤 처음 마라톤을 시작할 때 마음먹었던 동아마라톤대회가 있었다. 야놀자 사원 중 참가하고 싶어하는 사원들과 함께 다시 연습에 돌입했다. 대회 당일 첫 대회 때의 악몽을 기억하고 쉬는 타임과 페이스 조절 타임을 잘 조절해 뛰었더니 기록은 3시간 53분으로 1분 늦춰졌지만 다리의 경련도 없었고 정말이지 근육통도 하루 정도밖에 일어나지 않았다. 정상 생활을 하는 데 지장이 없고 좋아하는 체육 활동을 하는 데도 전혀 지장이 없었다.

　인생은 마라톤이라는 말이 있다. 뛰어도 뛰어도 극한이고 가도 가도 골인 지점은 나오지 않는다. 그렇기에 완주를 위해서는 페이스 조절이 필수다. 뛰다가 잠시의 쉼이 필요하거나 물 보충이 필요할 때면 숨도 고르고 목도 축이며 달려야 완주를 할 수가 있다. 마라톤은 여러 번 연습해서 여러 번 도전할 수 있다. 하지만 불행인지 다행인지 인생은 단 한 번의 도전만을 허락한다. 그렇기에 더욱더 우리가 선택한 길에서 숨이 차오르도록 달리고 또 달리는 속에서도 효율성과 창의성이라는 것을 생각할 땐 정말 잘 풀리지 않거나 여유가 조금이라도 있을 때 자신의 뇌와 몸을 쉬게 하는 것도 삶을 더 잘 달리게 하는 하나의 방법은 아닌가 생각한다.

　유년 시절, 청년 시절, 그리고 지금 이제 마흔으로 가야 하는 지점에서 내가 달려온 날들을 보면 한순간도 쉬지 않고 달린 듯하다. 하지만 요소요소 내가 필요한 시기에 지치지 않고 달릴 수 있도록 약간의 여유는 허락한 듯하다. 나에게 그것마저 허세라고 했다면 과연 나는 지치지 않을 수 있었을까 장담할 수 없다. 젊은 날이니 무조건 달려야 한다는 생각에 나는 반대한다.

젊은 날이니 더 뒤돌아보고 미래를 생각할 수 있도록 잠시 길 옆으로 나와 주변을 보는 시야와 마음가짐을 가지는 것 또한 나쁘지 않다고 생각한다. 선택한 길에 맞춰 내가 잘 가고 있는지, 그리고 내 몸은 어느 정도 에너지가 있는지, 그런 것마저도 고민하기 싫다면 그냥 멍하니 며칠 있어 보자. 무엇인가 꿈틀거릴 것이다(꿈틀거림이 없다면 이미 나태해졌거나, 처진 생활이 익숙한 것이니 빠르게 움직여야 할 때이다). 다만 쉬는 동안 무엇인가 꿈틀거리는 미묘한 것이 생긴다면 이제는 비로소 본인 스스로의 방향을 정하고 움직일 수 있는 단초를 잡은 것이다. 그것이 곧 본인이 걸어갈 길이고 미래로 향하는 길이라 생각한다.

4장

리스타트!

2015년 창업 11년 차
: 마인드셋

빠르게 변화해야 하니 단단히 마음먹자

연말도 훌렁 지나쳐갔다. 그러면 새해라고 사장의 글이 있을 법한데 그것도 없다. 사장의 업무일지가 그동안 연말이나 새해에는 꼬박꼬박 있었다. 왜 아무런 메시지가 없었던 것일까? 게을러서, 쓰기 싫어서, 할 말이 없어서. 다 해당할 수도 있을지 모르지만 실상으로는 글을 썼다가 지웠다가를 수도 없이 반복했다.

과연 무엇을 전달해야 할까? 우리에게 지금 필요한 것은 무엇일까? 그냥 평소처럼 그렇게 내 마음의 것 중에 뭔가 지지직 하고 감지되는 것을 중얼거리면 참 좋을 텐데……. 결국 글을 장문으로 쓰건 단문으로 쓰건 확인 버튼을 누르지 못했다. 왜일까? 아직 아무것도 우리에게는 익숙하지 않다. 야놀자 회사의 변화도, 우리의 근무

환경도, 그리고 나 자신의 모습도. 아마도 익숙한 사람이 있으면 비정상적인 사람이거나 아니면 아직 야놀자를 잘 모르는 사원들일 것이라는 생각이 든다.

야놀자는 9년을 넘게 그 자리에서 그렇게 행해왔다. 그런데 바꾸려고 하고, 바뀌자고 하고, 실제 여태 해왔던 것들을 싹 다 무시하고 무엇인가를 행하려 하는 중이다. 그렇게 급속도로 바뀌는 와중인지라 많은 사원이 나에게 답을 얻고자 한다. 리더라고 과연 그 답을 제시할 수 있을까? 유선 전화기로 친구와 통화를 장시간하고 있을 때 전화요금 많이 나온다고 성화였던 어른들, 삐삐를 차고 다닐 때 공중전화 부스에서 길게 줄을 서 있던 사람들, 주먹 반만한 폴더형 휴대폰을 가지고 다니며 당당하게 이리저리 친구들에게 전화하던 사람들, 이제는 음성보다는 SNS와 모바일 메시지 등으로 전달되는 것이 편한 시절이다.

이다음 시대는 무엇이 될까? 우리는 불과 20년도 안 되는 세월에 일어난 이 모든 것들 속에서 인터넷이라는 것에 의존하며 살아온 기업이었다가 이제는 모바일이라는 것에 의존하며 살아야 하는 기업이 됐다. 그런데 그 리더는 당장 무엇인가의 문제가 걱정이 아니라 앞으로 3년 혹은 5년 뒤 변할 환경이 무엇인지 감히 말할 수 없고, 어찌 변화해야 하는지 알 수 없기에 걱정이고 그 심각성이 크다. 다들 지난 10년 동안 야놀자가 매년 성장하는 모습을 보고 대단하다고 한다. 어떻게 모텔이라는 아이템을 가지고 이리도 성장을 이룩했

느냐고 한다.

그런데 그건 결국 '과거' 아닌가. 지금은 단 1년이란 시간도 걱정되는 시점에 서 있으니 과거의 10년을 가지고 "왕년에 내가 말이야!" 하는 꼴이 되지 않게 결국 무엇인가를 해야 하는 시점이다. 나는 그리고 우리는 그것을 얼마나 찾았는가? 많은 것을 이야기하고 많은 것에 대해 방향성을 찾으려 했다. 하지만 아직도 우리가 무너지지 않는 그런 존재가 될 거라고 막연히 최면만을 걸고 있는 모습이 눈에 띌 때는 참으로 안타깝기만 하다.

"우리는 무조건 잘될 거야!" "우리는 무조건 성장할 거야!"

하지만 결국 어떻게 할 것인가? 그게 요즘 나에게는 가장 큰 숙제이다. 질질 시간을 끄는 동안 생긴 우리의 현실은 실상 현 사회에서 경쟁력이 없다는 지배적인 인식이 밑바닥에 깔려 있지는 않은가. 기존의 잘 만들어왔던 야놀자의 선점적 브랜드라는 것 하나 정도다. 그 선점적 브랜드가 무너지면 남는 것이 무엇이란 말인가. 서비스를 비교해도 객관적으로 10년 가까이 운영해온 우리 회사보다 신규 론칭 회사의 신뢰도가 높은 수준이고 가볍고 빠르다. 설령 우리보다 더 높지 않더라도 우리의 것과 뭐가 다르다 할 수 있겠는가. 이것은 누구를 탓하려는 말이 아니라 우리가 직시해야 하는 현실 아닌가.

새해가 돼 이것저것 각 부서에 요구하고 그것이 이루어질 수 있는 방향성을 찾으려 한다. 하지만 우리는 아직도 1등이라는 과거의 것에 사로잡혀 방향성보다는 팀 간 개인 간 이기적 수단을 찾고자 하는 건 아닌지 생각해볼 문제이다. 과연 우리는 1등으로서의 가치를 실현하는지, 고객만족을 시키는지, 우리가 가는 길이 3년, 5년, 10년 후에도 유지될 수 있는지 등을 좀 고민해야 하지 않겠는가. 지금 최선을 다하고 있는데 마음이 허하다. 최선의 의미를 회사는 잘 모르는 듯하다. 우리보고 더 할 수 있다고 하는데 과연 회사는 현실을 알까? 정확한 관점에서 보자면 진정 최선을 다하면 결과가 어찌됐든 누구나 다 알기에 허하지 않다.

최선은 누군가에게 보여주기 위해 하는 것이 아니라 스스로의 삶이어야 한다. 최선의 의미는 회사가 아니라 고객이 판단해준다. 현실은 1년 뒤엔 어떤 상황이 우리 앞에 나타나 우리가 또 변화하지 않으면 분해된다는 것이다. 물론 야놀자는 망하지는 않을 것이다. 그 증거는 나도 있지만 적어도 임 대표, 구 이사, 배 이사, 각 계열사의 임직원들, 그 이전에 현장에서 밤낮을 가리지 않는 각 구성원의 노고에 묻어 있기 때문이다. 하지만 망하지 않는 것에 만족할 우리는 아니지 않은가. 성장하는 삶, 그래서 성취하고 여유가 있는 삶을 살아야 하지 않겠는가.

야놀자를 보면 더 이상 누구도 파닥파닥 뛰는 서비스를 한다고 말하지 않는다. 살아남기 위해서는 파닥파닥 뛸 수 있다는 생각을 가져야 한다. 우리의 조직은 덩치가 커서 그런지 파닥파닥 뛰지 못하는 서비스를 하고 있는 것이 현실이고 현재의 상용화된 서비스의 것들보다 한두 발짝 늦게 시대의 흐름을 타고 있다는 것이 한계인 것은 누구도 부정하지 못한다. 이 말은 우리는 '변화'를 즐기는 도구가 아니라 고통으로 받아들여 두려워한다는 의미일 수 있다.

우리는 2014년 수없이 많은 변화 속에서 스트레스와 고통을 인내해왔다. 그런데 그것들 속에서 과연 우리가 얻은 것이 무엇인지 절실하게 느껴야 하지 않겠는가. 그냥 고통이고 인내만 있다면 그것이 왜 필요했겠는가? 나는 감히 말한다. 우리가 무엇을 하려고 여기에 남아 있었는지 분명히 알아야 하고, 그것을 궁금해해야 하고, 그 궁금증에 수반돼야 하는 것은 정확한 살길을 찾는 것이라고. 하지만 우리는 궁금해도 질문하지 않고 문제가 생겨도 답을 찾기보다는 숨죽인다. 문제를 이해한다고 하면서 서로의 이해보다는 현실과 타협하려 한다.

그리고 결국 이해되지 않는 일을 하면서 효율적 생산을 이야기한다. 어떻게 이해되지 않는 일을 하고 허용치의 기준점이 없으면서 효율적으로 생산할 수 있을까? 이제 리스타트의 시점이 겨우 한 달 반 정도밖에 남지 않았다. 모든 것이 좋았던 시절은 갔다. 내가 편안하고자 할 때 고객이 불편한 것이고 고객이 불편해지면 결국 나조차도 불편해지는 꼴이 돼 가고자 하는 길을 완성하지 못한다. "많은 노력을 하고 있습니다." 그래 얼마나 많은 노력을 하고 있느냐고 묻고 싶다.

우리는 일반적으로 노력해서 얻을 수 있는 기업의 자리가 아니다. 죽도록 노력해도 될까 말까 한 기업이다. 그런데 아주 조금 하고 우리는 최선을 다했다고 하는 것은 아마도 정말 최선이란 의미를 모르기 때문은 아닐까 싶다. 누구를 원망해서 이런 글을 쓰는 것도, 우리를 믿지 못해서 이런 글을 쓰는 것도 아니다. 오해하지 말고 이해해주기를 바란다. 우리에게는 '그만큼 절실한 시점'이다. 우리는 그만큼 여태 변화라는 것을 즐기지 못하며 변화는 온통 고통이었다고 말하는 조직이다.

하지만 세상은 온통 변화 속에서 있고 그 세상에서 돈을 벌고자 하는 기업은 그 변화를 주도적으로 즐기며 우리가 상상하지도 못하는 최선의 노력을 하고 있다. 우리만 달리는 것이 아니다. 그들은 우리보다 먼저 달리기 시작했고 늦게 달리는 스타트업들은 우리보다 가볍고 신기한 서비스로 우리의 무거움을 앞서고자 한다. 그래서 우리는 그만큼 지금 시기를 절실한 시기로 봐야 한다. 더 늦으면 굴뚝기업(숙박업체 운영 기업)으로서만 만족해야 할지도 모른다. 이제는 절실한 만큼 변화를 더 이상 두려워하지 말고 그 변화를 즐기고 그 즐김은 앞으로의 성취와 미래에 스스로의 즐거운 모습이 되길 바란다.

남들은 나보고 "이성적이야."라고 말할지 모르지만 난 적어도 미친 사람이 좋다. 난 진정 즐기며 변화를 선도하는 미친 사람이 성공하는 현실을 간절히 바란다. 또한 결코 이상이 아니라 우리의 삶에 초자극적이고 초긍정적인 삶을 주도할 수 있는 신경세포의 활동이 있길 빈다. 우리는 변화하고 있다고 말하지만 실제로는 변화하고 있지 않은 것이 가장 큰 문제라는 걸 모두가 알 것이다. 남들과의 비교

우위보다 더 강력한 것은 비교할 수 없게 하는 것이다. 비교를 당하지 않는 것이다. 비교 대상이 없는 것이다.

우리 브랜드는 수많은 기업보다 비교하위에 있고 우리는 비교라는 것을 불편해한다. 내가 요즘 느끼는 것은 시장에선 사장인 나조차도 비교당하고 있고 야놀자의 크기나 미래만큼 비교의 순위에 접목되고 있다는 것이다. 누구도 피해갈 수 없는 것이 서로 간의 비교 경쟁이 아닌가 싶다. 그래서 결국 스스로가 빛나지 못하면 끝까지 비교만 당하다가 죽는 인생이 되지 않겠는가. 적어도 야놀자를 그렇게 만들고 싶지는 않다. 우리 스스로가 야놀자인데 우리 스스로가 욕하고 무시하고 깔보면서 스스로 빛을 포기하는데 누가 그런 자를 빛난다고 할 것인가.

세상에 어떤 변화가 올지 리더인 나도 정확히 모른다. 그런데 리더는 방향성을 정해야 한다. 이제는 그 방향성을 나 혼자가 아니라 야놀자인들과 함께해야 할 시기가 됐다. 그것을 인지하기를 바라는 마음에 글을 장문으로 남긴다. 우리는 이제 한 개인의 방향성에 의존하지 않는 시스템을 가지기 위해 변화를 시도하는 중이다. 그리고 많은 생각과 다양한 경험을 모이게 해 불량품 제조가 아니라 한 개를 만들더라도 명품을 만들 수 있어야 한다는 결론을 도출해 수없이 말했다. 하지만 우리가 왜 이러고 있는지조차 알지 못한다고 해 다시 글을 남긴다.

남들에게 인식되기 위한 노력보다는 스스로에게 칭찬할 수 있는 노력을 해라. 나를 위해 마음을 갖기보다는 우리를 위해 마음을 가지고 내가 편하면 남이 불편하고 결국 우리 모두 불편해진다는 진리를 알아라. 변화는 고통스럽고 인내하는 그런 존재가 아니라 선도하고 즐길 수 있는 존재가 될 수 있도록 마음 가짐부터 변화시켜라. 누가 뭐라 해도 스스로가 남이 될 수 없으니 스스로를 단단히 하지 않으면 결국 우리라는 공동의 곳에서 협업적 존재가 아니라 목구멍에 가시 같은 존재가 되니 얼마나 안타까운 일이겠는가. 남의 말을 많이 하는 것은 그만큼 스스로에게 자신 없다는 것을 보여주는 방증이다.

우리의 과거가 아니라 우리의 미래가 지금의 모습에 담겨 있다. 그래서 우리는 지금이 매우 중요하다. 야놀자의 리스타트가 얼마 남지 않았다. 더욱 빠르게 변화해야 하기에 단단히 마음먹고 단단히 준비해라. 인정받고 못 받고 지금 그것이 중요하다 할 수는 없으나 인정받지 못한 것은 오직 스스로의 책임이라는 것, 인정받는 것도 오직 스스로의 몫이라는 것을 깨닫고 지금부터라도 변화를 즐기고 선도하자. 그 말은 나에게도, 야놀자인들에게도 다 해당되는 말이다.

2015. 01. 12. 07:54

환상은 실패가 되고 위기는 기회가 된다

나에게 시작이라는 것은 늘 큰 숙제이다. 시작하지 않으면 모든 것에 관한 결과 또한 존재하지 않는다. 그래서 늘 회사가 하는 모든 일은 시작이란 것을 통과해야 한다. 그것이 망하든 흥하든 시작이 불가피하게 존재한다. 사업할 때 성공할 거라는 설렘으로 시작했다. 하지만 그 과정은 온통 고통이었다 해도 지나친 말이 아니다.

물론 지금 뒤돌아보면 그것이 나의 인생이고 내가 뒤돌아볼 수 있는 상황을 만들도록 해준 소중한 행복이었다. 하지만 월급 줄 걱정, 영업, 개발, 디자인, 사람들의 시선, 사원들의 마음, 나 자신의 모든 것에 미치는 영향과 그 모든 것에 대한 스트레스는 가히 상상을 초월할 정도였다. 성공할 것이라고 굳게 확신했던 것은 실패했다. 그리고 위기라 느꼈던 것이 되레 새로운 기회가 되곤 했다. 그래서 나도 모르게 모든 것에 이 법칙을 적용하게 됐다.

"환상은 실패가 되고 위기는 기회가 된다."

나는 새로운 일을 시작하는 마음에 있어 늘 이 문구를 생각하고 또 생각한다. 과연 환상에 사로잡혀 있는 것인가, 아닌가? 지금은 기회인가, 위기인가? 물론 지금 글을 쓰는 와중에도 이 물음은 수많은 시작과 거래 앞에서 내 기준선으로 명확히 적용하고 있다. 하지만 그렇다고 모든 것이 쉽게 보이고 모든 것에 대해 정답에 가까운 결정을 내릴 수 없다. 늘 나의 한계점이고 또 세상 모든 리더의 한계점

일 것이다.

야놀자를 시작하고 그 속에서 실패하거나 성공했을 때 또다시 무엇인가를 접거나 변환점을 만들어 새로운 시작을 해야 했다. 조직은 늘 유기적으로 변화해야 했고 사업의 방향성은 늘 새롭게 전환해야 했으며 사원들의 마음가짐 또한 절기를 계기로 혹은 프로젝트를 계기로 시작이라는 명확한 선을 그어야 할 때가 많았다. 그 속에서 느끼는 미묘하고도 복잡한 심경은 뇌 속을 까칠하게 만들었다.

미래에 대해서는 간절하게 바라기도, 현실을 명확하게 분석하기도, 운에 맡기기도, 환상을 가지기도 했다. 실패할 거란 주위의 시선도 항상 막아내야 하는 과제였다. 돌이켜보면 시작할 때 크게 두 가지 유형이 있었던 것 같다. 불안감에 주저주저하며 시작했던 일과 새로운 성공 스토리를 만들 것이라는 기대로 시작했던 일.

아이러니하게도 불안해하며 시작했던 일들은 그 한계에 주목해 불안한 요소를 찾고 또 찾아 위험 요소를 제거하는 가운데 성공적인 결과를 얻은 것들이 많다. 성공 스토리를 먼저 쓰고 환상에 사로잡혀 시작했던 것들은 위험 요소를 찾기보다는 성공이라는 부푼 꿈을 먼저 생각해서인지 쉽게 성공이라는 결과를 얻지 못하는 경우가 많았다. 이렇게 뒤바뀐 상황을 야놀자에서 또 살아가면서도 많이 느낀다.

그러면서도 또 다른 시작 앞에서는 다시금 환상에 사로잡혀 새로운 시작에 몰두할 때가 잦다. 실상으로 누가 실패하고 싶은 일에 전념하겠는가? 나 또한 실패할 것 같은 일에 몰두하고 싶지 않다. 성공할 것 같은 일에 위험 요소를 최대한 많이 찾아내야 하는 이유가 바로 시작이기 때문이다. 성공한 것이 아니라 성공할 것 같은 일이기 때문이다.

"야놀자의 성공 비결은 무엇인가요?"

사람들이 나에게 자주 하는 질문이다. 사실 나도 야놀자가 어떻게 성공했는지 잘 모르겠다. 그런데 내 업무일지의 글들을 보니 시작 단계에서의 환상보다는 고뇌하고 갈등하고 위기라 느끼는 부분이 있었기에, 또 한 번의 시작이 아니라 반복적인 시작을 했기에 아주 작은 기업이 조금 더 큰 기업이 되지 않았나 싶다.

반복적 시작은 매우 중요한 요소이다. 우리는 늘 쉽게 지친다. 사람의 특성은 누구나 비슷할 것이다. 새로움이 없다면 끝까지 갈 힘이 어디에서 올까? 우리는 학자가 아니며 일반인들에 불과하다. 나 또한 그 일반인 중 한 사람으로서 나를 지치게 하는 요소, 장기적 결론이 나지 않는 답답한 것에 대해선 지속적으로 내가 잘할 수 있는 것으로 또 다른 시작을 했다.

우리는 현실에 만족하지 않고 더 좋은 역량으로 더 좋은 품질을 생산하기 위해 늘 시작이란 표현을 자주 하며 기업을 이어 왔던 것이다. 사람들은 보통 시작할 때 마음가짐이 강하며 단호하다. 무엇이 됐든 시작할 때는 끝까지 간다라는 메시지를 가슴과 머리에 새긴다. 그러나 과정 중에서 힘듦이 나타나고 위기가 찾아오고 인내의 한계를 만나면 슬슬 자기도 모르게 포기라는 아주 달콤한 사약이 찾아온다. 그 맛은 달콤하지만 먹으면 죽어버린다. 그런 아주 못된 녀석이 우리 곁에서 호시탐탐 늘 노리고 있다. 그러니 사람의 심정이 얼마나 나약한가.

나 또한 너무도 나약해 무엇인가를 하려 할 때 포기의 유혹을 많이 받곤 했다. 다행인 것은 보는 눈이 많아서 그런지 멍청하게 끝까지 가긴 가려 했다. 그래서 우리가 가는 길을 쪼갤 필요가 있다. 길을 가다가 잠시 쉴 수 있는 여유가 생길 때, 지치는 순간이 생길 때 다시 시작이라는 마음으로 일어서서 다시 가야 한다. 그 가는 과정이 전부 모이면 우리가 말하는 인생이란 것이 되지 않나 싶다. 조금 힘들다고 조금 지친다고 위기가 있다고 그 자리에 앉아버리면 실패가 된다. 그러니 잠시 쉬어간다 생각하고 다시 일어서 걸어가야 한다. 그렇게 생각하고 움직이다 보면 실패 역시 실패가 아니라 잠시의 시련이나 쉼이 된다.

수없이 시작하는 마음으로 살고 있고 지금의 야놀자는 또 다른 시작을 선포했다. 리스타트 선포식이 그 증거이다. 우리는 지난 10년의 세월을 땅에 묻어버리고 10년 전 5,000만 원에서 시작한 야놀자처럼 이제는 지금의 아주 더 좋은 조건으로 0에서 다시 시작하는 것. 그것이 야놀자의 리스타트이다. 새롭게 만든다는 것은 늘 설렘이 있다. 하지만 그에 따른 고통은 늘 동반된다.

고통을 회피하지 않고 즐길 때 젊음은 새롭게 시작할 용기를 얻는다. 그 고통은 더욱 확고한 미래 가치를 위해 꼭 필요한 양질의 과정이라는 생각이 든다. 많은 사람이 그 고통이 싫어 현재를 유지하려 애쓴다. 극한에 가서야 새롭게 시작해볼까 하는 의지력을 가지지만 그 의지력은 실상 현실이란 벽 앞에서 중단될 때가 많다. 현실은 사실 벽이 아니다. 자신이 <u>스스로</u> 현실의 벽을 만들고 고통이란 부분을 중단시키기 위한 경우가 가장 많을 것이다. 나 또한 새롭게 시작하는 마음을 먹고 다시 0에서 시작한다는 것이 여간 골치 아픈 일이 아닐 수 없다.

새로움은 늘 설득해야 하고 미래의 변화에 따라 설계를 다시 해야 하며 점쟁이도 아닌데 유리한 쪽을 점쳐야 한다. 또 자금이 들어가고 시간과 노력과 협업이 필요하다. 즉 자기 자신의 입장을 내려놔야 한다. 또한 직원들의 말초신경을 자극해야 한다. 그래서 새로움은 설렘으로 시작하지만 그 과정은 고통이다. 하지만 우리는 잘 알고 있다. 그 고통을 잘 넘기면 성공이라는 성취를 우리의 것으로 만들 수 있다는 것을.

남들은 이제 그만하면 먹고살 만하지 않은가라고 말하기도 한다. 먹고사는 문제로 시작한 사업이다. 하지만 먹고살 만하니 먹고사는 것에 집착하지 않고 또 다른 무엇인가를 찾아야 하는 것이 '시작'이고 먹고살지 못한다고 하더라도 먹고사는 일을 찾아야 하는 것이 '시작'이라는 생각이 든다. 우리는 늘 이렇게 시작이란 놈을 가까이에 두고 우리의 앞날이 우리에게 유리할 수 있도록 고통을 즐기는 기업이 됐다. 늘 생각하자.

"환상은 실패가 되고 위기는 기회가 된다."

그리고 또 생각하자.

"지금 시작하지 않으면 결과는 결국 지금과 같거나 더 나빠진다."

회사를 야놀자인들과 함께 만들어오면서 느꼈던 '시작'할 때의 사장일기를 보니 왠지 또 뭔가 강렬하게 시작할 수 있을 것 같다.

회초리 같은 질문들은 머릿속을 깨끗하게 한다

나는 아주 어린 시절부터 강렬하게 생각했다. 과연 어떻게 살아야 하고 무엇으로 살아야 하는지. 어린 시절에 나는 많은 것을 가질 수 없는 가난이 싫었고 그런 상황에서 빠져나오고 싶은 욕구가 컸다. 그렇게 성인이 됐다. 하루살이처럼 하루하루 살다 보니 삶이 버거웠다. 직장 생활할 때도 미래를 준비하기보다는 웃고 떠들기에 바빠 그저 그렇게 하루를 흘려 버리곤 했다. 문득 뒤돌아보면 한 해가 어느새 지나가 있었다. 시간이 흐를수록 두려웠다.

'미래의 나는 과연 어떤 존재가 돼 있을까?'

이런 상상을 하면 앞이 깜깜했다. 아무것도 갖고 있지 않은 상황. 이대로라면 결국 남긴 것 없이 이미 떠난 아버지를 원망하든 어릴 때부터 같이 살지 못했던 어머니를 원망하든 온통 원망의 눈으로 세상을 바라보게 될 것 같았다. 아니, 사실 원망은 어린 나이부터 나의 일부를 채우고 있었다.

결국 돈을 벌자고 선택한 것이 모텔 일이다. 청소하고 주차하고 프런트를 보고 룸서비스하는 모텔리어. 돈을 벌면서도 마음은 편치 않았다. 청춘을 저당잡히고 스스로 고된 노동 속에 놓아두어야 하는 상황이 나이가 든 후에도 계속될까 두려웠다. 그래서 질문을 멈추지 않았다.

"무엇으로 살 것인가?" "어떻게 살 것인가?"

이 질문은 나를 반성하게 하는 도구가 됐고 지금의 내가 어떤 모습인지 알게 했다. 반복되는 질문 끝에 아주 평범한 것 같지만 나에게는 구원과도 같은 진리를 알게 됐다. 지금의 내 모습이 과거에서 비롯됐다는 것. 지금 하는 일들이 하나하나 모여서 미래의 상황을 만든다는 것. 그것을 알게 되자 현재를 그냥 그렇게 살면서 미래에 내가 무엇이 되겠다고 희망하는 것이 얼마나 허황된 것인지 깨닫게 됐다.

내가 살아온 날은 고작 20여 년이다. 앞으로 살날이 60년 정도 남았다고 하자. 그 60년을 남을 원망하고 세상을 부정적으로 바라보고 스스로 컨트롤 못하는 상황으로 가게 놔둘 수는 없다. 당장 몇 년 편하자고 몇십 년을 저당 잡히는 삶은 너무도 가혹하지 않은가? 하지만 많은 사람의 삶이 그러하다. 미래의 모습을 상상하지만 다람쥐가 쳇바퀴 도는 것처럼 현재는 똑같은 행동과 똑같은 생각으로 일관한다. 나는 이런 모습을 탈피하기 시작했다. 내가 나태해지거나 괴롭거나 두려울 때 스스로에 당당히 물었다.

"야, 이수진 너 어떻게 살 건데? 무엇으로 살 건데? 이수진 너의 행동이나 생각은 그리도 쪼잔하고 나태한데 미래가 어쩌고저쩌고 가당키나 한 말이냐."

나는 나를 강하게 질책했다. 그 결과 나는 조금씩 달라졌다. 내가 나를 혼내는 것이 처음에는 아무렇지 않았다. 한동안은 아무 반성도 하지 않았다. 그런데 어느 순간 스스로에게 부끄러운 삶을 살아가게 하는 나 자신의 모습이 참으로 한심하게 느껴졌다. 나는 조금씩 마음 자세와 행동을 변화시키기 위해 노력했다.

나는 사업하는 내내 많은 고민에 빠져 있었다. 때로는 강렬한 에너지를 주체하지 못할 때도, 자만에 빠져 세상에서 최고라고 자부할 때도, 또는 나태하게 몇 날 며칠 술만 먹을 때도 있었다. 나는 이런 것 역시 나의 일 중 하나라고 자신에게 둘러댔다. 하지만 자기 자신을 속일 수는 없는 것 아닌가? 나 자신만은 나를 잘 알고 있지 않은가? 내가 나답지 않게 내 인생을 허비하고 있다고 혹은 너무 강성이라 부러질 것 같다고 느낄 때면 어느새 슬그머니 질문이 떠오른다.

"무엇으로 살 것인가?" "어떻게 살 것인가?"

나에게 가장 무서운 회초리와도 같은 질문. 스스로에게 이 질문을 던질 때면 온통 지저분하고 복잡스러운 머릿속이 깨끗하게 청소가 되고 무엇인가가 내 몸을 바로잡는 듯한 느낌이 든다. 방향성을 잃고 제자리를 찾지 못할 때 누군가가 나를 바로 세워주면 좋을 것이다. 하지만 나는 어린 시절부터 혼자였고 스스로 길을 찾아야 했다. 지금도 마찬가지다. 사장이란 자리에 있다 보니 내 행동이 옳다 그르다 지적하는 사람은 없다. 결국엔 내 모습을 점검하고 청소하고 바로 할 수 있는 장치를 스스로 마련해야 한다. 나에게 이 질문들은 나를 바로잡을 수 있는 가장 강력한 회초리인 듯하다.

나는 10년 동안 사업을 하면서 38년 동안 세상을 살면서 수없이 두려운 상황을 겪었고 수없이 고민할 수밖에 없었다. 그 과정에서 나라는 존재를 스스로 느낄 수 있게 했던 것은 '무엇으로 살 것인가?'라는 질문이다. 이 질문은 나에게 무엇보다도 강렬한 질책이다. 과거의 생각과 행동이 현재를 만드는 데 하나하나 작용했고 지금의 상황이 모여 미래의 상황을 일어나게 한다.

그렇다면 당연히 스스로에게 질문을 던져야 하지 않겠는가? 어떤 존재로 어떤 상황으로 어떤 삶으로 살아야 할지 무수히 많이 자문해야 한다. 특히 어려운 상황에서는 더욱 그렇다. 처음엔 아무렇지 않고 아무 느낌도 나지 않을 것이다. 하지만 그래도 질문을 던지다 보면 바보같이 사는 것은 아닌지, 이기적으로 사는 것은 아닌지, 나태하게 사는 것은 아닌지, 부정적으로 사는 것은 아닌지, 불행하게 사는 것은 아닌지, 정말 잘사는 것인지 스스로 느낄 수 있게 된다. 그것을 느끼지 못하고서 미래를 논한다면 로또 인생을 논하는 것과 무엇이 다를까? 내 인생을 언제 어떻게 당첨될지 안 될지도 모르는 것에 매달려 보낼 수는 없는 것 아닌가? 적어도 나는 그렇게 생각한다. 내 인생은 나의 것인데 로또처럼 가능성이 희박한 우연과 요행에 거는 것은 용납할 수 없다.

소크라테스는 "너 자신을 알라"고 했다. 나는 이 말이 자신을 명확하게 파악하고 성장하라는 의미라고 생각한다. "무엇으로 살 것인가?" "어떻게 살 것인가?" 너무도 당연히 스스로에게 물어봐야 하는 질문을 지금 당장 시작하라 말해주고 싶다. 나 또한 이 질문을 죽는 날까지 나 스스로에게 던지며 살 듯싶다.

행동하라! 기회는 꿈을 밖으로 표출할 때 온다

오직 열정만이 나를 성장시키고 인생의 주인이 되도록 해주었다. 나는 어려웠던 유년기, 박봉의 직장 생활, 고된 모텔 청소부의 삶을 지나오는 동안에도 열정을 잃지 않았다. 나는 학식이 풍부하거나 배경이 화려한 사람이 아니다. 내가 가진 것이라고는 오직 열정뿐이었고 그 힘을 원동력으로 험난한 사업을 10년 넘게 지속할 수 있었다.

그렇다면 열정이란 무엇일까? 나에게 열정이란 지속적이고 반복되는 습관이다. 생각에서 끝나는 것이 아닌 행동으로 옮겨지는 실행력이며 끝까지 파고드는 집요함이다. 순간의 뜨거운 마음으로 잠시 노력하는 것을 열정이라 부르는 사람은 없다. 누구나 파닥파닥 생기

넘치는 열정을 품고 살길 바라지만 그런 에너지가 계속되기란 여간 어려운 일이 아니다. 열정을 지속하기 위해선 미쳐야만 한다. 소위 달인이라 불리는 사람들은 적어도 그 분야에서만큼은 이런 '미친 열정'을 지니고 있다. 비슷한 조건에서 일을 시작한다고 가정할 때 미쳐 있지 않고 어떻게 남들보다 뛰어난 기량을 보일 수 있겠는가? 삶 속에 짙게 녹아든 열정이 있어야만 인생의 모습도 변화할 수 있다.

우리는 자주 나태함과 자만에 빠져 열정을 잊고 살아간다. 나도 그런 경험이 있다. 그 정도 성공했으면 되지 않았느냐는 주변의 말에 나도 모르게 자만하기도 했다. 안락함에 도취해 나태한 시간을 보내기도 했다. 하지만 나는 생각 없이 생을 소비하고 싶지 않았다. 똑똑하진 않지만 사리 분별을 할 수 있는 머리가 있고 가능성이 충만한 젊음이 있었기에 지금보다 발전된 미래를 만들고 싶었다. 그것이 인생에 대한 최소한의 도리라고 생각했다.

만약 열정의 중요성을 몰랐다면 나는 아직도 몽상 속에 사는 사람이 됐을지 모른다. 열정은 꿈을 현실로 만든다. 열정의 크기가 크다고 해서 삶이 하루아침에 바뀌는 것은 아니다. 하지만 미래의 결과를 통해 우리가 갖는 열정은 결국 증명될 것이다. 우리가 사는 하루하루가 모여 결정되는 것이 바로 미래이기 때문이다. 이런 사실을 안다면 어떻게 나태하게 귀중한 시간을 낭비할 수 있겠는가.

내가 본 성공한 사람들에겐 공통점이 있다. 자신의 꿈과 포부를 현실로 만들어낸다는 것이다. 깊게 고민한다면 꿈을 실현할 방법,

즉 답을 누구나 찾을 수 있다. 하지만 대부분 경우 그 답을 실행으로 옮기지 않는다. 꿈을 마음 안에만 묵혀두어선 안 된다. 지속적인 행동을 통해 꿈을 밖으로 표출해야 한다. 대부분은 이 사실을 너무 늦게 깨닫고 만다. 그래서 나는 이렇게 소리 지르고 싶다.

"행동하라!"

내 인생의 주인공은 오로지 나라는 것을 잊지 말자. 누구도 나 대신 행동해주지 않는다. 환경을 탓하고 현재의 모습을 비관한다고 무엇을 바꿀 수 있는가? 게으르게 삶을 흘려보내기엔 우리에게 주어진 청춘은 너무나 짧다.

기회는 잡을 준비가 돼 있는가 아닌가의 문제다

흔히 인생을 살면서 세 번의 큰 기회가 온다고 이야기한다. 그 기회를 잡았어야 했는데 놓치고 말았다면서 후회하기도 하고 아쉬워하기도 한다. 사업하면서 느끼는 것이지만 그 큰 기회라는 것이 얼마나 자주 나타나고 없어지는지, 인생에 세 번 온다던 기회는 수없이 찾아오고 또 금세 달아나 버리곤 한다. 기회라는 것이 아무리 좋아도 활용하지 못하면 무용지물이 되고 시간의 흐름이나 상황에 따라 기회가 위기로 바뀌기도 한다.

그래서 우리에게 기회라는 것은 참으로 묘한 존재이다. 행운을 가져다줄 수도 혹은 불행을 가져다줄 수도 있는 그런 존재이다. 기회 앞에서 결정해야 할 때가 종종 있다. 물론 행운과 같이 나도 모르게 다가와 큰 희망과 행복을 줄 때도 있다. 하지만 이 경우는 스스로 지속적이고 반복적으로 일에 몰두하면서 이미 기회라는 것을 과정에서 만들어낼 때 생기는 노력의 대가라는 생각이 든다.

보통은 사람의 촉으로서 그것에 대해 심도 있게 생각하고 욕심을 내야 하는가, 아니면 흘려보내야 하는가를 고민하는 경우가 많다. 나에게는 기회가 아직 오지 않았다고 말하는 사람들도 간혹 있다. 하지만 사실 기회라는 것은 오고 안 오고의 문제가 아니라 잡을 준비가 돼 있는가 그렇지 않은가의 문제이다. 스스로에게 수많은 기회가 왔는데도 그것이 무엇인지조차 파악하지 못하는 형국에서 논할 수는 없다.

흔히들 주식투자나 복권 혹은 한 번에 무엇인가를 크게 만들 수 있어 보이는 것들에 대해 기회라는 표현을 많이 쓴다. 하지만 그것은 그저 도박일 뿐이다. 기회라는 것은 무엇인가에 집중하고 어느 한 가지에 달인이 될 정도의 노력을 할 때 비로소 주어지는 것이다. 아무것도 하지 않는데 혹은 매번 큰 건 하나만 걸리라고 노리는 상황이라면 얼마나 한심스러운 망상에 불과한 것인가.

사업하면서 수많은 사람을 만나보고 수많은 계약을 하고 또 수없이 그것에 대해 고민했다. 조금이라도 쉬려 해도 쉴 시간을 주지 않았다. 나는 그것 하나하나가 우리 야놀자의 기회였다는 생각이 든다. 무엇인가 하나 빵 터진 것이 아니라 작게 하나하나 쌓인 것이 모여 지금의 야놀자가 만들어졌다고 생각한다. 그리고 지금의 것들 또한 미래의 야놀자를 위한 커다란 기회라고 생각한다. 모든 기회 앞에는 시련이 같이 존재했다. 그 시련을 이기지 못했다면 그것은 더 이상 기회가 아니라 위기였을 것이다.

나는 무슨 일을 하든 싼 것을 좋아했고 어려운 것이 재미있었다. 그 싼 것을 전환시키면 비싼 것이 되고, 어려운 것을 이기면 남들에게 어려운 존재가 된다는 것을 알고 있었는지도 모른다. 남들이 보기에는 쉽게 갈 수도 있는 길을 너무도 어렵게 가는 경향도 있었고 가지 말아야 할 길을 미련스럽게 고집부리며 가는 경향도 있었다. 성공한다는 것은 매우 중요하다. 하지만 하나하나에 전부 성공을 바랄 수는 없다. 어떤 프로젝트든지 실패의 수를 생각할 수밖에 없는 것이 오너의 자리이지만 그것이 실패할 것 같다고 하지 않을 수 없는 것이 또 오너의 성향이기도 하다.

가야 할 때는 가야 하는 것. 우리에게 극심한 타격이 되지 않을 정도라면 한번 도전해보는 것이 회사 발전에 도움이 되고 더욱 강한 힘을 기를 기회가 된다. 그러기에 가지 말아야 할 것들도 해낼 수 있다는 마음가짐으로 하나둘 도전하고 해내기 시작했다. 결국 어려운 것을 해내면서 자신감이 붙었다. 그렇게 우리의 내공을 쌓다 보니 어느새 남들에게는 실력자로 변해 있었고 그것이 현재의 야놀자이다.

나는 지난 10년 동안 고민 속에서 살아왔고 앞으로도 내내 고민

속에서 살 수밖에 없을 것이다. 기회인지 위기인지, 혹은 위기라고 하는데 잘만 하면 기회가 될 수도 있겠구나 하면서. 고민을 쉬지 않고 해야 하는 자리가 사장의 자리이고 의무이지 않은가. 그 속에서 우리는 항상 무엇이 됐든 간에 도전해야 했고 도전이라는 것은 실행 능력을 나타내는 지표와도 같았다. 그래서 했다 하면 최선의 노력으로 하되 비록 시작이 우리에게 유리하건 그렇지 않건 결과는 반드시 우리에게 유리한 쪽이 될 수 있도록 해야 했다.

사장이란 사람은 사업을 성장시키고 실적을 내야 할 의무가 있다. 시장 상황이 좋지 않으니 선방했다느니 시장 상황보다는 덜 마이너스이니 됐다고 말하는 사람은 사장 자리에서 내려와야 한다. 결국 어느 상황에서도 성장하고 실적을 내야 하는 것이 사장의 의무이다. 그러기 위해서는 무엇이 기회이고 어떻게 도전할 것이고 도전 후에는 어떻게 협업하고 유리한 입장이 될 수 있게 할 것인가를 고민하고 또 고민해야 한다.

20대에 세웠던 두 가지 목표가 지금의 '나'를 만들었다

나는 가난을 벗어나기 위해 많은 부분에서 삶의 방식을 변화시켰다. 그중 하나는 아주 구체적인 목표를 세우는 습관이다. 평범한 일상을 살던 내게 목표가 없었다면 궁핍했던 삶의 모습은 아직도 달라지지 않았을 것이다. 세상엔 많은 사람이 있다. 그중에는 나보다 더 똑똑한 사람들과 더 부지런한 사람들이 존재한다. 이런 사람들 틈 속에서 뚜렷한 목표 없이 어떻게 나은 삶을 만들 수 있겠는가? 매일 목표 없는 일상을 반복하면서 성공을 바라는 것은 망상에 가깝다. 성공을 꿈꾼다면, 아니 성공 이전에 스스로 성장을 꿈꾼다면 반드시 자신의 가고자 하는 길의 구체적인 방향을 계획해야 한다.

나는 인생을 살면서 그리고 회사를 운영하면서 크고 작은 목표를 세웠다. 그중 일부는 이미 달성한 것도 있고 수정되거나 폐기된 것도 있다. 하지만 오랜 시간 삶의 방향성을 만들어준 목표도 있다. 2003년에 스물여섯 살이 되던 해에 나는 여든세 살이 되면 이뤄야 할 목표를 세웠다. 무려 57년이 걸리는 이 장기적인 목표는 10년 넘는 세월이 흐른 지금도 여전히 유효하다. 그때 세운 첫 번째 목표는 83세까지 3,000억 원의 자산을 갖는 것이었다. 가진 것 없는 20대 젊은이가 3,000억 원을 벌겠다니 이 얼마나 허황된 목표인가?

스물여섯 살의 나 역시 그걸 몰랐던 것은 아니다. 만약 누군가 당장 3,000억 원을 벌겠다고 했다면 그것은 허풍에 지나지 않을 것이다. 하지만 나는 기한을 57년 후로 설정했고 그 기간 3,000억 원이란 숫자를 어떻게 달성해야 할지 계획했다. 당장 1년 후에 달성할 목표는 크지 않았지만 2년, 3년, 시간이 지남에 따라 목표의 크기를 늘렸다. 나조차도 가능할지 고개를 갸우뚱하게 하는 숫자였지만 어쨌든 계획을 세웠고 달성하기 위해 행동했다.

그로부터 12년이 지난 지금 그때의 계산을 따르면 서른여덟 살의 나는 10억 원의 자산을 가지고 있어야 한다. 현실은 어떨까? 현재 나의 개인 자산과 회사 지분의 가치를 합하면 목표했던 숫자의 100배가 넘는 수치를 달성한 상태다. 무모해 보이던 젊은 날의 목표를 한참 앞질러 가고 있는 것이다. 과연 이런 일이 어떻게 나에게 벌어졌을까? 나는 사람이 성장하는 만큼 목표도 성장한다고 생각한다.

목표는 고정된 것이 아니다. 넘지 못할 한계로 보이던 목표도 일단 한 번 넘고 나면 매우 쉬운 일상이 돼버린다. 목표를 달성해본 사람은 그 방법을 알기 때문에 좀 더 높은 목표를 설정할 수 있고 처음보다 여유 있게 다양한 관점에서 생각하고 행동하는 것이 가능해진다. 중요한 점은 목표를 최대한 명확하게 구체적으로 설정해야 한다는 것이다. 나는 목표 달성 시점을 역으로 계산해 1년 후, 1개월 후, 지금 해야 할 일을 구체적으로 정했고 정해진 기간 안에 실행했다.

내게 가장 쉬운 것, 잘할 수 있는 것부터 달성해나가며 성취감을 맛보았다. 그런 작은 성취는 차곡차곡 쌓여 어렵고 힘든 문제를 해결할 수 있는 동력이 됐다. 이런 식으로 세부 목표를 반복해서 달성하고 점점 기준을 높이다 보니 어느 순간 궁극적인 목표가 매우 가까이 다가왔음을 알게 됐다. 계획했던 것보다 훨씬 짧은 시간에 말이다.

혹자는 여든세 살까지 3,000억 원을 벌겠다는 나의 목표가 매우 물질적이라고 생각할 것이다. 하지만 돈은 내 삶의 목표가 아니다.

돈은 결국 수단일 뿐이다. 내가 설정한 3,000억 원이라는 숫자는 내가 할 수 있는 일들의 크기를 의미한다. 숫자로 나타내는 것이 가장 명료한 방법이기에 액수로 표현한 것이지 돈 자체를 목표로 삼은 것은 아니다.

내 삶에 '감성'은 매우 중요한 부분을 차지한다. 만약 돈을 목표로 하는 삶을 산다면 모든 선택에서 감성을 배제하고 현실적인 유불리만을 따지게 될 것이다. 나에게 '돈'은 하고 싶은 사업을 펼치고 나와 내 주변의 삶을 아름답게 만들 수 있는 도구이다. 그런 의미에서 어쩌면 스물여섯 살에 세웠던 두 번째 목표야말로 내 삶의 진정한 과제일 것이다.

나의 두 번째 목표는 나를 기억하는 사람들로부터 "잘살았다."라는 말을 듣는 것이다. 이 목표는 정량적인 기준을 가진 첫 번째 목표와는 성격이 사뭇 다르다. 얼마만큼 목표에 다가가고 있는지 구체적인 기준이나 정해진 기한은 없다. 그저 삶 속에서 꾸준히 실천해갈 뿐이다. 나는 대단한 선행을 하진 못했지만 최소한 남들에게 피해를 주지 않기 위해 노력했다. 나 때문에 주변이 힘들거나 아파하지 않도록 하는 것이 최소한의 실행 과제였다. 이 목표는 3,000억 원이란 숫자로 표현했던 첫 번째 목표에 우선한다.

"이수진 저놈은 돈만 밝혀." "자기가 유리한 쪽에만 있어." "이기주의야." 이런 말을 듣게 된다면 인생이 얼마나 허무할 것인가? "이수진 사장은 참 인간적이야." "괜찮은 놈이야." "친구로 지낼 만해." 이런 말을 듣고 싶다. 나는 이런 인간적인 지지와 따뜻한 시선 속에서 삶이 더 풍요로워짐을 느낀다. 사람을 얻는 것과 돈을 얻는 것은 상반된 것이 아니다. 다른 사람에게 피해를 주지 않기 위해 노력하고 진심으로 대할수록 내 주위엔 나를 도우려는 사람들이 늘어났다. 주위에 인복이 많다는 소리를 듣게 되면서 덩달아 사업도 발전했다. 결국 착한 삶을 살고자 하는 나의 목표는 나 자신을 이롭게 했다.

나는 유년 시절을 통해 능력을 갖추지 않은 선량함이 얼마나 주변을 힘들게 하는지 경험했다. 그래서 마냥 착하기만 한 사람이 되고 싶지는 않았다. 능력을 겸비하고 싶었다. 사업을 운영하고 삶의 질을 높이기 위한 경제적인 목표가 있었다. 그렇다고 돈의 노예가 된 삶을 살지도 않을 것이다. 20대의 나는 앞으로의 인생에 기준이 될 두 가지 목표를 만들었다. 이 두 가지 목표를 통해 현재의 내 모습이 만들어졌다. 이 목표들은 아직도 내 삶의 균형을 유지하는 가장 중요한 힘이다.

2015년 창업 11년 차
: 스케일업[*]

기업가치 2,000억 원으로 첫 투자 100억 원을 받았다

2005년에 개인사업자로 시작하여 2007년 법인을 설립하게 되었다. 그때는 개인사업자와 법인사업자 간의 유불리도 제대로 알지 못했던 때다. 창업하였지만 창업가로서 알고 있었던 것은 별로 없었고 오롯이 하나하나 상황이 생길 때마다 배웠던 때였다.

회사는 치열한 경쟁 중이었지만 그 속에서도 굳건하게 성장하고 있었고 매년 2배 가까운 성장을 지속하고 있었다. 또한 동아리방 같은 기업문화로 회사 가는 것과 회사 생활하는 것에 모두가 열정적이고 우리만의 긍정에너지가 굉장한 중소기업이자 벤처기업이었다. 그

---

[*]   개정판을 내며 추가한 내용이다.

런데 사실 우리의 즐거움과 긍정에너지가 우리에게서만 나오는 것이 아니었다. 고객과 어울리는 일들이 너무 재미났다. 그건 매일같이 이벤트를 준비하고 같이 즐기고 다시 기획하고 그것에 대한 긍정적인 피드백 같은 아주 사소한 것까지도 성취감을 가지게 하였다.

회사가 작을 때는 하나하나가 더욱더 소중했다. 우리가 일해야 하는 이유가 오로지 고객의 반응에 있었기 때문이다. 우리가 돈을 잘 벌지 못하고 급여를 줄 걱정을 하고 있더라도 미래라는 것을 생각하면 동아줄 같은 존재가 바로 고객이었기 때문이다. 그런데 시간이 지나면서 우리는 하나둘 많은 것을 가지며 소유하게 되었다. 매출도, 이익도, 그리고 한국 숙박에 대한 기준도 우리에게 있었다. 우리는 우리가 행하는 것이 기준이 된다는 마음도 있었을 것이다.

그래서일까? 우리는 경쟁을 하고 있지만 순탄한 성장을 하고 있다고 믿으며 지내게 되는 상황이 생긴 듯하다. 혁신이 가장 큰 무기로 도전하는 스타트업들이 탄생하고 튀어나오는 상황이었다. 그럼에도 우리는 그 기업들이 작은 기업이나 도전을 하지만 그게 그리 큰 것은 아니라는 인식을 처음에는 하고 있었던 것이다.

우리가 작을지언정 가장 안정적이고 잘하는 그런 존재로 인식하고 있었던 것이다. 하지만 우리는 가장 잘하는 존재가 아니었다. 우리는 고객의 사용성에 대해 혁신하는 방법을 잊고 있었고 그런 의지조차 조직 내에서 생성되면 왠지 스스로를 부정하고 기존의 틀만을 고집하는 상황인 건 아닐까? 스스로에게 반문했다. 나는 이대로 있다가는 회사가 성장을 멈추는 혹은 성장을 하더라도 경쟁에서 밀리는 상황이 벌어지리라는 것을 그동안의 사업적 상황을 토대로 직감하고 서서히 크게 느끼고 있었다.

2014년 회사의 모든 상황을 뒤집어 버리고 싶었다. 우리의 안정은 더 이상 가장 중요한 요소가 아니라고 생각했다. 우리도 혁신적인 도전이 필요하다고 강하게 생각하였고 여러 구성원에게 그 부분에 대한 돌파구 마련을 지시하고 요구하기도 하였다. 하지만 솔직히 그 방법이 무엇인지 지금은 알지만 그때는 그 방법을 몰랐다. 그런 결과로 조직 구성원들 30%는 프로세스를 밟아 희망 퇴사하고 20%는 회사의 기업문화가 바뀌어서 힘들고 옛 모습이 그립다고, 또 같이 일하던 동료들이 없어 더는 의미가 없다며 자진 퇴사하게 되었다.

그렇게 절반의 구성원이 반년 만에 없어진 위기가 야놀자의 리스타트를 하게 만든 요인으로 작용하였다. 인재의 영입, 일하는 방식의 변화, 우리가 스타트업 그룹에 속할 수 있는 인식이 그제야 피어났던 것이다. 물론 많은 구성원과 나는 무척이나 힘이 들었다. 그동안의 방식을 부정하고 새로운 방식을 찾는 것은 매우 복잡한 심정일 것이다.

그리고 새로운 환경을 지속적으로 만들고 스트레스를 받으며 적응해야 하고 배워야 하고 또 거기에 성장까지 해야 한다는 것은 지금 생각해도 매일 같이 언제까지 이 일을 해야 하는가 하는 늪에 빠진 기분이 한동안 지속되기도 하였기 때문이다. 우리는 여전히 방법을 몰랐기 때문이다. 우리가 초반에 무엇으로 성장했고 왜 우리가 성장할 수밖에 없었는지를 힌트조차 찾지 못하고 있었다.

우리는 분명 성장에 대한 DNA가 있었고 그 상황에서도 성장은 하고 있었지만 그건 우리가 알면서 핸들링하는 그런 결과치가 아니었다. 하지만 나는 그 시기에 그때의 변화가 아니면 우리가 어떻게 될지 모른다고 마음속으로 단단하게 마음먹고 있었다. 그래서 투자를 받아서 우리도 스타트업이 되어 혁신의 아이콘이 되는 것이 우리가 살길이라고 생각했다.

첫 투자를 받겠다고 보찬 님(현 야놀자 재무 및 경영지원 부문 대표, 그 당시 CFO)와 본길 님(전 사업운영총괄 이사, 현 저스트슬립 스타트업 창업)에게 A4 용지 한 장에 시장의 사이즈와 현재 우리의 상황 등을 설명하고 투자자를 만나보고 그 반응을 보고 투자를 받아보자고 했던 것이 2014년 가을이었다.

그리고 2015년 수많은 투자사가 관심을 보이기도 하였다. 하지만 투자하기에는 회사가 준비되지 않은 부분도 많았고 시장에서 요구하는 기업가치와 내가 생각하는 회사의 기업가치와는 갭이 컸다. 우리가 주장하는 2,000억 기업가치에 투자사들은 600억, 1,200억, 1,500억 다양한 의견을 제시하기도 하였다. 내부적인 의견은 2,000억 기업가치로 투자받는 건 불가능하다는 회의적인 반응이었다. 보찬 님과 본길 님의 의견도 그러하였지만 그 외 투자시장에 있다가 새로 영입된 구성원들의 반응도 비슷하였다. 지인들을 통해 상황을 알아보니 너무 과한 기업가치 때문에 각 투자사 투심위에 올리더라도 내부 회의에서 욕만 먹을 수 있다고 했다.

나는 고민했다. 우리의 진짜 기업가치는 무엇일까? 10년이 된 회사, 이익이 나는 회사, 하지만 시장을 완전히 장악한 듯하지만 이제 시작인 시장환경. 나는 분명한 가능성이 있다고 생각했지만 시장의 눈은 늘 틀리지 않는다는 것도 알고 있었다. 다만, 더 고민을 강하게 해보고 시도해보고 싶었다. 우리 회사의 성장에 대한 확신을 가진 시점이 바로 여러 투자사의 관심, 기업가치는 둘째치고 이 시장에 있는 우리에게 관심을 가지는 것 자체가 가능성이라고 인지하였다. 우리는 정말 혁신이라는 본질을 알지는 못했지만 적어도 한국 시장의 숙박을 바꿀 가장 큰 가능성을 지닌 조직이라고 판단하고 있었다.

결국 우리는 2015년 7월에 파트너스인베스트*로부터 포스트 2,000억 기업가치를 인정받아 100억의 투자를 받게 되었다. 기업을 혁신하고 스타트업이 되겠다고 마음먹은 지 1년 6개월이 지난 시점이니 지금 보면 길었던 상황은 아니다. 하지만 그 당시로는 참 힘들고 길었던 상황으로 느꼈다. 이범석 상무님(현 뮤렉스파트너스 창업자이자 사장), 강동민 수석심사역님(현 뮤렉스파트너스 공동창업자이자 부사장)이 우리의 손을 들어준 것이다. 투자받고 축하도 많이 받았지만

---

* 파트너스인베스트는 2015년 7월에 첫 투자 100억 후 2016년 2월에 3,000억 이상의 기업가치로 추가 투자 100억을 했다. 그 후 투자하였던 지분을 모두 아주IB투자에 매각하여 투자금의 2배를 이익을 냈다.

시장의 반응은 과한 기업가치이고 파트너스인베스트가 무리를 하였다는 인식이 지배적이었다.

2,000억 기업가치에 첫 100억을 투자받았다는 것을 시장에 인식시키며 스타트업으로서 데뷔한 셈이다. 지금 기준으로 100억 투자는 일반적인 숫자일 수도 있지만 2015년 그 당시 시장에서 2,000억의 기업가치와 100억 원 투자는 쉽게 되는 부분은 아니었다. 물론 여러 유수의 스타트업들이 투자를 받았고 그로 인해 우리가 투자시장에서 선두 역할을 했던 상황은 아니었던 것은 확실하다.

어떻게 이범석 상무가 첫 투자자가 됐는가

투자받는다는 것과 투자한다는 것은 무엇을 의미할까? 서로를 대하는 태도와 존중에서 결국 신뢰가 만들어진다고 믿는다. 많은 투자사와 우리는 서로를 신뢰하지 못하였다. 투자사에서는 우리가 성장할 수는 있어도 그 성장 폭이 그 정도 원하는 가치에 미치지 못한다고 생각하였다. 나는 그 주장이나 설득을 펼치는 주요한 지표나 논리를 펴내지 못했다.

우리는 경쟁력을 가져야 하는 시기임이 틀림없었다. 나는 수많은 갈등을 겪고 있었다. 투자 없이 우리 스스로 할 수 있을 것이라는 다짐도 하면서 투자받지 못하는 상황까지도 염두에 두고 경영을 생각하기도 하였다. 하지만 그때 투자받지 못하였다면 지금은 어떻게 되었을까? 적어도 지금의 모습으로 발전하지는 못하였을 것이다.

이범석 상무님으로부터 연락이 왔다. 한번 저녁을 같이 하면서 진솔하게 이야기를 했으면 한다고. 어떻게 살아왔고 어떤 의지로 사업을 할 것이라는 이야기를 했다. 이범석 상무님도 본인이 살아온 날들과 왜 투자사에 입사했는지 등에 대해서 상세히 이야기해주셨다. 기업이 어떤 형태로 성장하면 좋은지와 본인이 그 성장에 어떤 기여를 하기 원하는지 등에 대해서. 나는 사실 그것에 대해 온전히 이해하지는 못했다. 지금은 조금씩 이해를 할 수 있을 듯하다. 우리는 성장하고 있다. 적어도 우리가 다시 시작하고자 했을 때부터 동행하였기에 그 마음을 지금은 조금이나마 마음으로 이해하게 되는 건 아닐까 한다.

이범석 상무님은 나의 손을 보고 마음이 동했다고 한다. 사무직 형태 혹은 닷컴이나 모바일로 서비스하는 회사, 그것도 10년이란 시간을 리더로 있던 사람의 손이 너무도 거칠었고 두툼하였던 것이다. 꼭 농사꾼의 손 같다는 표현을 하셨다. 지금도 나의 손은 그때와 같다. 검고 거칠고 마디마디가 굵고 두껍다. 특히나 어릴 적 농사를 돕고 집안일을 하며 살았고 여러 아르바이트와 모텔청소부 생활을 하면서 침대 시트를 갈았고 잡다한 일들을 하면서 지내 온 시간이 손에 다 모여 있는 듯하다.

나의 손을 보고는 "이 손이 그래도 이수진 사장의 이력이니 저는 이 손을 믿고 한번 해보고 싶습니다."라고 말씀을 하셨다. 그 후로도 때때로 손 이야기를 하신다. 나는 나의 사이드에서 무엇인가를 이해해주려 하고 시장이 디지털 전환으로 인해 확대될 가능성이 있고 그 분야에서 성공한다면 밑바닥부터 시작한 저런 손을 가진 사람이어야 한다며 직업에 대해 존중해주는 것이 너무 좋았다. 그래서 투자를 받는다면 투자사가 아닌 이범석 상무님으로부터 받기로 마음을 먹었다.

나는 이범석 상무님에게 다음과 같은 약속을 하라고 했고 상무님은 그렇게 해볼 수 있도록 노력하겠다고 했다. 첫째, 2,000억 가치를 가지고 싶다. 다만, 그에 맞추지 못하더라도 최선을 다해달라. 둘째, 회사에 인재가 필요하다. 적어도 전략을 맡아줄 사람이 꼭 필요하다. 사람 채용에 도움을 달라. 셋째, 간섭이라고 생각하지 않겠으니 회사 상황을 지속 관찰하며 내가 모르는 부분은 지속 조언을 달라.

그렇게 2015년 3월쯤 우리는 서로에 대한 인지를 제대로 시작한 관문을 지나치고 있었다. 지금 생각하면 나는 참으로 어리고 잘 모르는 의지만 투철한 사람이었다. 다행스러운 건 늘 잘될 수는 없지만 모든 것에는 결과가 있다는 사실을 알고, 그 결과라는 것이 나타나는 시기에 후회하지 않으려 지속적인 투지로 쌓아올리고 있는 점이랄까?

어떻게 김종윤 대표*와 만나게 됐는가

이범석 상무님은 그렇게 내 중심부에 들어온 사람이다. 첫 투자를 받고 나는 또 한 명을 만났다. 투자 직후 바로 나는 이범석 상무님에게 전략을 책임져줄 사람에 대한 소개를 부탁하여 두 분을 만났다. 한 분은 페이스북의 부정방지팀에서 200여 명의 조직을 이끄는 분이라서 화상 미팅으로 지속 인터뷰를 했다.

그리고 한 분은 한국 전체가 여름 휴가 기간이었는데도 업무적으로 평일에는 시간이 없다고 하여 주말에 야놀자 사무실 내 집무실에서 만나기로 하였다. 강동민 수석팀장과 이범석 상무님이 같이 자리를 하였다. 강동민 수석팀장은(아들과 휴가를 보내다가 잠시 짬을 내) 사무실을 찾았다. 서울대 출신, 3M, 다트머스 MBA, 구글을 거쳐서 컨설팅 업체 맥킨지에서 컨설턴트로 일했었던 현 야놀자의 김종윤 사업총괄 대표를 만난 것이다. 이범석 상무님과의 인연은 미국 다트머스대 MBA 과정 선후배 사이였다.

---

* 현재 야놀자는 야놀자플랫폼부문(국내 여가플랫폼 사업), 야놀자클라우드부문(글로벌 공간 운영 솔루션 사업), 인터파크앤트리플(항공권, 해외여행, 엔터티켓 사업)로 총 3개의 영역으로 나눠서 경영 중이다. 김종윤 대표는 현재 야놀자클라우드(글로벌 공간운영 솔루션 사업 부문)의 CEO이자 야놀자 전체 그룹의 전략적 책임을 지는 CSO 역할을 수행 중이다(야놀자에는 각 사업 부문을 경영하는 리더와 그룹의 전체적인 방향성과 전략을 논의하고 결정하는 전문영역의 리더가 모인 Y-코어라는 공동 협의체가 있다. 이 공동 협의체 Y-코어는 회사 전체 혹은 각 사업 부문의 가야 할 미래에 대해 강력한 서포트 역할을 수행 중이다. 투명하고 솔직하게 의견을 제시하고 토론하여 결정하므로 그 결과에 대한 책임은 같이 진다는 의미를 담고 있다. 누군가의 독선에 의해 잘못된 방향으로 가지 않기 위한 야놀자만의 안전장치와 같은 구조라고 할 수 있다).

그는 무언가를 시작하기도 전에 IR 자료와 투심위 자료를 봤다며 쿠팡이 되는 이유와 야놀자와 같은 작은 회사가 안 되는 이유를 나열하였다. 목소리에 힘이 있었고 생각에도 확신이 있었다. 사람을 무시하는 것은 아닌데 그렇다고 기분이 무척 유쾌한 것은 아니었다. 그렇게 2시간의 미팅이 끝났다. 본인은 야놀자와 조인하고 싶어서가 아니라 이범석 상무님이 한번 만나보고 컨설팅이나 상황에 관해 이야기해달라고 해서 나왔다고 맺음을 하였다.

나는 숙박 산업에 대해서 확신을 가지고 이야기하고 싶었지만 워낙 반론이 강하기도 하여 '이 사람 뭐지?'라는 생각을 하였다. 김종윤 대표의 말미에는 이런 이야기도 있었다. "투자를 잘못했다. 투심위 보고서를 봤는데 어떻게 밸류 측정이 되었는지 이해할 수가 없었다." 이 이야기는 나에게도 많은 생각을 하게 하는 구절이었지만 투자자로서는 맥킨지에서 현재 톱 대기업의 컨설팅을 하는 사람이 이런 이야기를 하니 얼마나 부담이 되고 걱정이 되었을까 지금 생각하면 아찔한 장면이다.

미팅이 끝나고 강동민 수석팀장은 씩씩거리며 말했다. "각자의 의견이란 게 있는데 너무 일방적인 이야기라고 생각됩니다. 그러니 너무 강하게 생각하지 마시고요. 오늘은 제가 다 죄송합니다." 이범석 상무님도 "이 대표님, 미안합니다. 이러려고 자리를 만든 건 아닌데요. 아무래도 제가 자리를 잘못 만든 것 같습니다."

그렇게 회사를 다 떠나고 집무실에서 한참을 우두커니 있었다. 무엇이 잘못된 것일까? 나는 진정 사업을 잘못하고 있는 걸까? 2,000억 가치로 투자를 받았다고 언론에서는 인터뷰 요청이 많이 오고 우리도 스타트업의 중심에 선 것 같은 느낌이었다. 그런데 오늘 이 강하고 매운 펀치는 뭐지? 우리가 보지 못하는 우리의 약점을 극복하고 시장에서 확장해나갈 방법이 아무리 용을 써도 내게는 없는 것인가?

왜 나는 반론이나 우리의 시장 상황에 관한 이야기를 제대로 못했지? '투자를 받을 때 가장 큰 경쟁상대는 누구입니까?'라는 투자사 대표님의 질문에 "인식입니다. 저는 인식이 변화되면 우리는 날개를 달 것이며 이 인식을 깨는 기업이 되겠습니다."라고 했다. 그런 나의 대답은 어디 간 것인가?

나는 이범석 상무님께 전화했다. "그 사람과 같이 일하고 싶어요. 연락처를 좀 주세요." 그런데 이범석 상무님은 다른 사람들도 있고 아무래도 김종윤 님은 힘들 것 같으니까 몇 명 더 섭외해보고 소개시켜 주는 건 어떨까 한다고 이야기하셨다. 아마도 내가 더 상처를 받거나 만나도 김종윤 대표가 그리 강한 발언을 했는데 야놀자에 조인할 마음이 있겠냐는 생각이 강하셨을 것이다. 어찌 됐든 나는 전화번호를 받고 전화를 했다. "좀 만나자."

그렇게 나는 점심시간이 될 때는 중구에 있는 매킨지 사무실 근처로 가서 식사하면서 이야기를 했고, 대기업의 컨설팅 프로젝트를 진행 중이라고 하면 그 건물로 가서 티타임을 가졌다. 그리고 그 시간에 산업에 대해서만 줄곧 이야기했다. 안 되는 이유를 말하면 나는 될 수밖에 없는 이야기를 했다. 그렇게 시간이 넉넉하지 않아 주말에 보기로 하고 늦은 오후에 사무실 1층에 있는 카페에서 이야기를 시작하였다. 아마도 4시 정도이지 않을까?

그리고 이야기가 끝난 건 자정이 넘은 시간이었다. 저녁도 안 먹고 오로지 비즈니스에 관한 이야기를 했는데 그것이 너무 재미있고 시간 가는 줄 몰랐다. 그날 우리는 산업에 대한 신규 비즈니스 모델에 대해서 전략을 세우고 있었다. 내 차로 집에 데려다주는 새벽 1시에 "이 비즈니스가 확실한지 다시 고민해보시고 맞다고 생각하면 조인하시죠." 하면서 나는 지금이 중요한 것이 아니라 미래에 우리가 어떤 일을 하고 있는지가 중요하다고 하며 짧은 비전을 이야기했다.

김종윤 대표는 회사를 잠시 쉬면서 야놀자에서 3개월을 무보수로 일하면서 그날의 전략 그림 검증 시간을 가졌다. 과연 이 조직이 변화될 수 있는지, 이 기업이 말한 시장 사이즈는 맞는지, 그리고 이 신규 비즈니스 모델은 실현 가능한지를 보았고 결국 같이하기로 하였다. 월 500만 원의 임시 급여라도 책정하려고 했다. 그런데 그러면 본인이 남을지 남지 않을지에 대한 부분에서 명확성이 떨어진다고 극구 사양하였다.

"이 회사에 조인하려면 어떤 조건이면 됩니까?"

내가 물었을 때 김종윤 대표는 다음과 같이 이야기했다.

"변방이 아닌 중심에서 일해야 변화가 됩니다. 자회사 대표가 아니라 서비스 중심의 전략 총괄을 하고 싶습니다. 두 번째는 야놀자는 사장님이 생각하기에는 유별난 정도의 능력이 있는 기업으로 보일 수 있지만 아주 작은 스타트업입니다. 유니콘이 될 때 저의 가치 인정을 제대로 받고 싶습니다."

그래서 원래는 야놀자 예약을 하는 자회사의 대표로 생각을 했지만 본사의 부대표로 발탁하게 되었다. 그리고 유니콘이 되면 적어도 그 기업가치의 1% 정도를 행사할 수 있는 옵션을 주었다. 다만 급여 수준은 스타트업이라는 것을 고려해 노력해서 가져가라고 하며 본인이 현재 받는 급여 수준은 못 주고 생활에 필요한 수준을 이야기해 달라고 해서 합의하였다. 결국 서로 노력하지 않으면 죽도 밥도 아닌 상황이기에 무조건 최선과 최고의 성과를 내야 하는 조건을 만든 것이다. 길을 만드는 1등 김종윤 대표와 길을 찾는 천재 배보찬 대표 그리고 싸움 하나는 이 악물고 하는 나는 그렇게 결합이 되었다.

도대체 배보찬 대표[*]는 어떤 사람인가

그는 길을 찾는 데 천재다. 내가 그를 볼 때 느끼는 가장 큰 덕목

---

[*] 현재 야놀자는 야놀자플랫폼부문(국내 여가플랫폼 사업), 야놀자클라우드부문(글로벌 공간 운영 솔루션 사업), 인터파크앤트리플(항공권, 해외여행, 엔터티켓 사업)로 총 3개의 영역으로 나눠서 경영 중이다. 배보찬 대표는 야놀자플랫폼부문의 CEO이자 야놀자 전체 그룹의 CFO 역할을 수행 중이다.

은 어떤 식으로든 길을 찾아낸다는 것이다. 그것이 100% 다 완벽할 수는 없다 할지언정 적어도 90% 이상의 길을 찾아낸다. 나는 세상 살면서 이런 사람도 처음 보았다. 그냥 공부 좀 했구나, 성격이 유쾌하지만 지고는 못 사는구나, 어릴 때 천재 소리 좀 들었겠구나 싶은데 실제 일해보면 우리가 여기까지 온 모든 뒷단의 작업을 다 한 1등 중의 1등 공신이다.

김종윤 대표는 길을 정말 잘 만든다. 그리고 지는 것을 진짜 싫어한다. 그런데 그와 쌍벽을 이루는 사람이 배보찬 대표이다. 치밀하고 아무리 어려운 상황도 조금의 틈만 보이면 결코 찾아내고야 만다. 특히 지고는 못 사는 성격은 두 대표가 똑같다.

A4 용지 한 장에 시장 상황을 적어주었던 기억이 난다. 3만 3,000개의 모텔, 여인숙, 여관까지 있으니 평균 30객실.* 그렇게 전체 객실 100만 개의 하루 이용률과 객단가를 산정하여 잡은 거래액이 연간 14조였다. 물론 이것은 아무도 모른다. 카드와 현금으로 구성되어 있는데 현금은 집계가 되지 않는 특성의 업종 중의 하나이기 때문이다. 2014년 당시에는 더욱더 현금 비중이 높았기 때문에 내가 아는 곳의 평균 매출에서 대폭 감액하여 추정치를 낸 것이었다. 한 곳당 월평균 3,500만 원이다.

---

* 전국 지자체가 약 170개 정도일 때 각 보건위생과에 연락해서 전체 등록된 여인숙, 여관, 모텔, 호텔을 전수 조사한 적이 있다. 대략 3만 3,000개가 약간 안 된다. 조사할 때마다 개발과 지역 특성상 더 이상 영업이 안 되어 폐업하는 곳이 생겨서 그 수가 점점 줄고 있었다. 현재는 정확하지 않지만 3만 개 미만으로 줄었다.

물론 모텔로만 한정해서이다. 모텔이라는 것이 참 애매하다. 우리는 모텔 외 관광호텔과도 거래하는데 100개 200개 객실을 가진 곳까지 포함했다. 그것이 맞든 틀리든 나는 그렇게 계산하고 그중에 지출 부분을 공략했다. 전기료, 수도세, 이자를 제외하면 우리가 사업을 할 수 있는 영업의 매출 구조였다.

인건비, 세탁, 비품, 인테리어비용, 통신, 가전, 공공적으로 국가에서나 혹은 공기업에서 관여되는 부분 외적으로는 민간기업에서 다 관여할 수 있는 영역으로 봤다. 숙박업의 수익률을 제외하고 지출에 대해서는 우리가 디지털로 변환시킬 수 있는 영역으로 보고 그에 따른 로직을 강구하라고 하였다.

그래서 A4 용지 한 장 시장의 거래 규모, 지출 규모, 그리고 비정기적 지출 규모 같지만 결국 5년이든 10년이든 꼭 해야 하는 인테리어 비용까지도. 그중에 우리가 차지하는 영업은 아주 미세하였다. 사람들은 그 미세한 영역을 하는데도 숙박업 1위 업체라고 인식하고 있었다. 그러니 앞으로 우리가 사업화에 대해 아주 큰 가치를 가져갈 수 있을 것이다. 나는 그 점을 보찬 님에게 주문하였다.

그리고 그것을 투자사들과 만나는 자리에서 이야기하면 된다고 하였다. 그렇게 시작된 것이 야놀자의 스타트업으로서의 시작인 리스타트의 하나이기도 하다. 이때부터 야놀자의 모든 사업 전략은 종윤 님이 그림을 그렸지만 실질적으로 백방에서 로직을 짜고 그것이 맞는 것인지 가능한 것인지에 대한 검증은 보찬 님이 하였다.

야놀자는 어느새 10조의 기업가치로 2조라는 투자를 2021년 소프트뱅크의 비전펀드2로부터 받았다. 2,000억의 기업가치로 100억을 투자를 받은 것이 2015년 7월이니 그 후로 만 6년 만에 데카콘이라는 10조의 기업가치로 2조(총 누적 투자 규모는 약 2조 4,000억 원)를 받게 되었다.

그 일선에서 모든 로직과 길을 뒤에서 묵묵하게 찾아준 사람이 배보찬 대표이다. 아주 작은 스타트업이 2조가 넘는 투자를 받기 위해서는 재무적, 회계적, 세무적으로 모든 것이 얼마나 많은 검증을 통과해야만 했겠는가? 그 중심에서 모든 것을 컨트롤하고 기업으로서 책임과 의무를 가장 현실적으로 반영하는 기준을 만들고 지키게 한 사람이기도 하다.

배보찬 대표는 2014년 초에 야놀자에 합류했다. 나는 2013년에 야놀자가 더 성장하기 위해서는 전문가 영역의 인재가 꼭 필요하다는 것을 느꼈다. 우리끼리만 하는 일을 넘어서서 세상의 기준을 충족시킬 수 있어야 더 큰 성장을 할 수 있다고 생각했다. 그래서 처음으로 C레벨의 인재를 찾는 구인을 시작한 후 특이한 이력의 소유자가 회사에 입사 지원을 했다. 물론 여러 사람이 입사 지원을 했지만 유독 눈에 들어와서 한참을 살폈던 기억이 있다. 카이스트 생물과학과를 나와서 공군 관리장교를 거쳐서 삼일PwC 글로벌마켓본부, 그리고 삼정KPMG IT 인더스트리 본부에서 재직 중이었다. 왜 이런 이력의 소유자가 우리에게 지원했을까라는 생각을 한참 했다.

야놀자의 재무제표를 보니 앞으로 성장을 할 수 있는 회사이고 서치를 통해 재미난 사내 문화와 산업구조에 궁금증이 있어서 입사 지원을 하고 면접을 왔다고 했다. 면접이 끝난 후 같이 일해야겠다는 생각이 들었다. 회사의 총괄기획을 맡고 있는 구본길 이사에게 만나서 의중을 좀 파악해보라 했다. 하지만 이직할 마음이 없다는 대답이 돌아왔다. 그렇지만 회사를 존중하지 않는 것은 아니라는 걸 명확하게 이해할 수 있을 정도로 예의를 갖추었다고 전해 들었다. 그래서 몇 번을 더 만나고 술자리에서 이야기를 해보라 하고서 우선 친해지라 했다. 회사의 내용을 미주알고주알 다 이야기하라고 했다. 그러고 나서 저녁 자리를 좀 만들어달라고 했다. 회사의 사정과 사내 문화를 전해 들었기에 내가 말하기가 한결 편한 분위기였다. 그렇게 몇 달을 줄다리기를 하다가 결국 야놀자에 합류를 하게 되었다.

인재, 인재하며 노래를 부르니 하늘에서 인재를 보내주신 것인지 보찬 님은 오자마자 4억이 넘는 세금을 절약하는 방법을 찾아냈다. 지원받을 수 있는 부분들이나 과오납한 부분들을 전부 정리하여 일순간에 본인의 연봉을 훨씬 넘는 성과를 보여주며 내부 사람들에게 신뢰를 얻는 인재가 되었다. 나는 그때부터가 우리가 메인스트리트에 나설 수 있는 준비가 되기 시작한 때라고 회상한다. 보찬 님은 그때부터 지금까지 CFO 역할을 하면서 내부 살림에 고삐를 쥐고 성장할 수 있는 기틀을 만든 사람이라는 것에는 모두가 이견이 없는 사실이다.

그렇게 야놀자는 정말 알게 모르게 각자의 위치에서 얼마나 여러 노력으로 성장하게 되었는가를 다시금 실감하게 된다.

에필로그

나에게 그리고 이 글을 읽으신 독자분들에게

주어진 환경에서 살 것인지 주어질 환경에서 살아갈 것인지는 누구의 몫도 아니다. 오직 스스로의 몫이다. 주어진 환경이 다소 불편하더라도 지금 당장 무엇인가를 할 수 없는 처지라고 하더라도 그속에서 새로운 시작을 해야 한다. 아직 우리에게는 시간이 많이 남아 있다.

하루가 남았고 한 달이 남았고 1년이 남았다. 그리고 더 큰 시간이 남았을지도 모른다. 하지만 우리는 지나온 시간만을 보며 지금의 모습을 안타까워하거나 환호하거나 한다. 지금 바로 흘려보내는 시간이 내일의 나의 모습이 되어 돌아온다는 사실을 알고 있다. 하지만 우리는 때때로 그것을 잊고 과거의 모습들 속에서 자신의 행복을 찾는다. 너무 미래만 보고 살면서 현실을 즐기지 않으면 숨 막히게 살아가는 것이 아니냐는 반문도 할 수 있다.

그 미래가 가슴이 터지도록 벅찬 내가 행하고자 하는 길이라면 과연 그것이 숨이 막힐 것인가? 지금 하지 못하면 나중에도 못 한다. 힘들더라도 절대 놓지 마라. 그건 우리에게 주어진 삶의 태도가 아니다. 힘듦을 극복하고 시련 앞에서 당당히 스스로 일궈 가는 것이 우리에게 주어진 시간 앞에 당당함이다. 비관하지 마라. 비관한다고 달라질 건 없다. 비관하면 할수록 세상은 너에게 더욱 비관적인 세상으로 변할 것이다.

무엇을 변화시켜야 잘 살지 모를 때, 어찌해야 나의 미래가 밝아질지 모를 때는 어제보다 1퍼센트만 더 집중하자. 1퍼센트라도 성장을 시키자. 힘든 일일수록 더 긍정으로 어제보다 1퍼센트만 웃으며 대하자. 무엇을 변화시켜야 살 수 있는지 아는 사람이 몇이나 되겠느냐? 나의 미래가 어떻게 살아야 좋아질지 어떻게 살아보지 않고 알겠는가? 다만 남들보다 더 잘사는 것이 아니라 지금의 내 모습보다 더 잘 살면 되는 것 아니겠는가.

남들이야 어찌 되었든지, 내가 발전하고 내가 지금보다 더 좋은 삶을 살아가면 되는 것 아닌가. 의식하지 말자. 남이 나를 보는 시선을 의식하지 말자. 남이 나를 보는 시선을 의식하다 보면 나도 왠지 그들과 같은 일을 해야 하고 그들과 같은 행동과 같은 말을 해야 할 것 같은 마음에 나도 모르게 그들과 같은 삶을 살아가고 있을 것이다. 내가 나를 보는 시선을 의식하며 살아야 한다.

나의 인생은 단 한 번이고 나의 얼굴도, 나의 몸도, 나의 이름도 결국 나의 것이다. 환경에 대한 어설픈 변명으로 자신의 가장 소중한 것을 방치하는 삶은 우리에게 허락되지 않았다. 나는 살아가야 하는 근성을 지닌 생명력이다. 지금까지가 중요한 것이 아니라 지금부터가 내 생을 아름답게 꽃피게 할 중요한 시작이다.

새로운 시작의 날이 밝았다.

다시 시작하자.

2015. 08. 10. 07:24

월요일 아침 공기가 참 좋다.

나의 생각을 가장 많이 받아주는 회사 사무실 책상에서

이수진

덧붙이는 글

사람 냄새나는 이수진 대표를 열렬히 응원한다

– 임상규(야놀자 공동창업자)

사업을 같이 시작한 지는 10년이지만, 수진이 형을 처음 본 것은 18년 전인 1997년도 3월 대학교 테니스 동아리에서였다. 1년 선배인 형은 삐쩍 마르고 얼굴도 까무잡잡해서 처음에는 친하게 지내지 않았다. 수업이 끝난 뒤 테니스코트 장에서 땀 흘린 뒤 마무리는 학교 앞 막걸릿집 고을식당이었다. 선배들은 십시일반 모은 돈으로 우리에게 술을 사주곤 했다. 수진이 형도 예외는 아니었다. 그럴 때마다 매번 동기들한테 5,000원, 1만 원 꾸는 모습을 자주 봤다. 주말이 지나면 다시 갚았는데 나중에 알고 보니 주말에 막노동해서 충당하는 것이었다. 그 모습을 보고 돈에 대해서는 철두철미한 사람이구나 생각되었다.

동아리 생활을 하면서 같이 호흡하고 같이 얘기하고 같이 웃고 즐기며 점차 친해졌다. 형은 방위산업체에 나는 군대에 입대했다.

휴가 때도 서울에 와서 만났는데 방위산업체를 다니면서도 얼마 안 되는 돈을 자신의 꿈을 위해 악착같이 모으는 모습을 보고 나 자신에게 반성하기도 했다.

제대 후 졸업하고 구직활동 중 동아리 내에 수진이 형이 서울에서 돈을 많이 벌고 있다는 소문이 돌았다. 전화해서 무슨 일을 하느냐고 물어보니 돌아온 대답은 '모텔'이었다. 무서운 데 아니냐고 험한 일 아니냐는 질문에 웃으면서 "너라면 잘할 것 같은데."라고 답했다.

이것이 야놀자의 시작일지 상상이나 했겠는가. 서울에 올라와 모텔에 면접을 보고 떨어지고 찜질방에서 자고 다시 면접 보고 해서 서초동에서 처음 일을 하게 되었다. 연고 없는 서울에서 그것도 모텔에서 일하면서 돈을 모았다. 허튼 데 돈 쓰면 수진이 형한테 혼나기도 했고 4년이 넘게 같은 파카를 입는 형의 모습에, 10원짜리까지도 통장에 입금하는 형의 모습에 참 많이도 대단하다 생각했다. 형과 만날 때마다 찾았던 곳은 그래도 마음 편한 찜질방이었다. 여기서 꿈에 대해, 미래에 대해 많이 얘기했던 것 같다. 야놀자의 시작, 사업의 시작도 여기였으니 찜질방은 우리한테 참으로 고마운 곳이다.

사업을 시작한 의정부의 한 아파트. 당시 사외이사분의 소유인 아파트에서 딸랑 책상 두 개 놓고 시작한 사업. 끝없이 암흑이었던 그 시절에 젊은 패기, 열정, 도전으로만 똘똘 뭉쳐 시작은 하였지만 힘들고 지치고 여유 없는 삶에 참으로 힘들었다. 그때마다 서로 의지하고 서로 다짐하고 서로 격려했다.

10년간의 사업엔 많은 어려움이 찾아왔다. 형과 나 둘만 남기고 직원들이 단체로 그만두기도 했고 간신히 손익을 넘겼던 모텔투어(모투)의 상표권을 경쟁사에 빼앗기기도 했고 사람을 좋아해 믿고 맡기면 횡령해서 도망가기도 했다. 그때마다 힘들고 지쳤는데 형은 우직하게 자기 자리를 지키고 있었다. 지금도 온 정신과 신경은 야놀자에 코드를 꽂아놓고 어떻게 하면 사용자 중심으로 양질의 서비스를 할 수 있을까 생각하고 있다.

몸 생각도 좀 해라, 딸들한테도 더 신경써라, 여유를 좀 가져라 해도 오히려 내 걱정을 더 많이 해준다. 가족보다도 더 많이 보는 형, 인생의 스승이자 평생의 동반자인 형, 오늘도 형을, 사람 냄새나는 이수진 대표를 열렬히 응원한다.

리스타트

: 야놀자 창업자 이수진의 경영 일기

초판 1쇄 발행 2023년 3월 27일
초판 4쇄 발행 2023년 9월 11일

지은이 이수진
펴낸이 안현주

국내 기획 류재운 이지혜 **해외 기획** 김준수 **메디컬 기획** 김우성
편집 안선영 박다빈 **마케팅** 안현영
디자인 표지 정태성 본문 장덕종

펴낸 곳 클라우드나인　　**출판등록** 2013년 12월 12일(제2013-101호)
주소 우) 03993 서울시 마포구 월드컵북로 4길 82(동교동) 신흥빌딩 3층
전화 02-332-8939　**팩스** 02-6008-8938
이메일 c9book@naver.com

값 18,000원
ISBN 979-11-92966-07-6 03320

* 잘못 만들어진 책은 구입하신 곳에서 교환해드립니다.
* 이 책의 전부 또는 일부 내용을 재사용하려면 사전에 저작권자와 클라우드나인의 동의를 받아야 합니다.

* 클라우드나인에서는 독자 여러분의 원고를 기다리고 있습니다.
  출간을 원하시는 분은 원고를 bookmuseum@naver.com으로 보내주세요.

* 클라우드나인은 구름 중 가장 높은 구름인 9번 구름을 뜻합니다. 새들이 깃털로 하늘을 나는 것처럼 인간은 깃 펜으로 쓴 글자에 의해 천상에 오를 것입니다.